Yr oedd 'Dr Tudu[illegible] iaeth Gymreig yn ystod ei machlud fel grym ym mywyd y wlad yn ogystal â bod yn un o gonglfeini'r mudiad cenedlaethol am chwarter canrif. Trwy lunio'r astudiaeth hon o'i 'genedlaetholdeb Cristnogol' mae Rhys Llwyd wedi gwneud cymwynas fawr â phawb sy'n ymddiddori ym mywyd deallusol Cymru'r ugeinfed ganrif.

Yr Athro Richard Wyn Jones
Ysgol y Gyfraith a Gwleidyddiaeth, Prifysgol Caerdydd

Mae Rhys Llwyd wedi gwneud cymwynas fawr â ni yn rhannu ffrwyth ei ymchwil i'r berthynas rhwng argyhoeddiadau Cristnogol R.Tudur Jones a'i syniadaeth wleidyddol. Braint oedd eistedd wrth draed y Prifathro yn y 70au, cael ein herio gan ei bregethu grymus a'i ysgolheictod, a'n hysbrydoli gan ei feddwl treiddgar a'i weledigaeth gyfoethog o arglwyddiaeth Crist. Mae *Tynged Cenedl* yn llwyddo i ddal cymaint o'r bwrlwm a chyflwyno'r darllenydd i un wnaeth gymaint i gyfoethogi dirnadaeth ysbrydol a hyrwyddo cenedlaetholdeb iach.

Arfon Jones
Swyddog Maes Gobaith i Gymru a chyfieithydd 'beibl.net'

Dyma gyfrol werthfawrogol a dadansoddol yr un pryd o syniadau a gweithgarwch gwleidyddol R.Tudur Jones. Cafodd ddylanwad ffurfiannol ar Blaid Cymru Gwynfor Evans, ac amhosibl deall cenedlaetholdeb y cyfnod heb fynediad i'r byd-olwg diwinyddol a'r syniadau cymdeithasegol oedd ynghlwm wrthi. Camp Rhys Llwyd yw iddo allu crynhoi'r cwbl mewn cyfrol ddarllenadwy a seiliwyd ar ymchwil drwyadl.

Ned Thomas
Golygydd, beirniad llenyddol, sylwebydd diwylliannol
ac awdur y llyfr dylanwadol 'The Welsh Extremist'

Dyma gyfrol hynod amserol wrth i genedlaetholdeb blaengar Cymreig addasu i fyd lle y mae globaleiddio a chenedlaetholdeb adweithiol ill dau ar gynnydd. Yn sgil datblygiadau gwleidyddol y blynyddoedd diwethaf mae'n hollbwysig deall dylanwad crefydd a thraddodiad diwylliannol ar feddylfryd pobol, ac mae Rhys Llwyd yn trafod y pynciau rheini mewn modd darllenadwy a difyrrus.

Dr. Ifan Morgan Jones
Ysgol Astudiaethau Creadigol a'r Cyfryngau, Prifysgol Bangor
a golygydd nation.cymu

Tynged Cenedl

Cenedlaetholdeb Gristnogol R. Tudur Jones

Rhys Llwyd

CYHOEDDIADAU'R GAIR

Tynged Cenedl: Cenedlaetholdeb Gristnogol R. Tudur Jones © 2019 Cyhoeddiadau'r Gair

Delwedd y clawr o gasgliad Geoff Charles (1909-2002) © LLGC, Rali flynyddol Plaid Cymru yn Aberystwyth, 5ed o Hydref, 1961. Defnyddiwyd drwy ganiatad Llyfrgell Genedlaethol Cymru.

Golygydd Cyffredinol: Aled Davies
Cynllun y clawr a chysodi: Rhys Llwyd

Argraffwyd yn yr Undeb Ewropeaidd.

Cyhoeddwyd gan:
Cyhoeddiadau'r Gair
Ael y Bryn, Chwilog,
Pwllheli, Gwynedd
LL53 6SH.

www.ysgolsul.com

Diolchiadau

Cychwynnodd y gyfrol hon ei thaith fel traethawd doethuriaeth ym Mhrifysgol Bangor ac felly'r enw sydd ar frig fy niolchiadau yw Robert Pope a fu'n gyfarwyddwr ymchwil treiddgar ac amyneddgar wrth i mi weithio ar y traethawd.

Mae fy nyled yn fawr iawn hefyd i Arfon Jones a'm cyflwynodd gyntaf i waith R. Tudur Jones ac i'm hen athrawon ysgol Sul yn Eglwys Efengylaidd Aberystwyth, y diweddar Bobi Jones a'r diweddar R. Geraint Gruffydd, ysgolheigion o'r radd flaenaf. Hwy a'm cyfeiriodd at ffynonellau gwerthfawr yn ymwneud ag agweddau'r traddodiadau Calfinaidd at ddiwylliant a gwleidyddiaeth. Braint i ymchwilydd ifanc oedd cael mwynhau cwmni'r cewri hyn a derbyn yn hael o ffrwyth eu gallu a'u hysgolheictod. Gŵr arbennig arall a fu'n gefn i mi trwy gyfnod yr ymchwil gan fwynhau trafod y testun oedd y diweddar Euros Wyn Jones.

Fe berodd fy aelodaeth o Gymdeithas yr Iaith Gymraeg ac Eglwys Caersalem, Caernarfon i mi sylweddoli nad perthyn i hanes y gorffennol yn unig y mae'r syniadaeth a drafodir yn y gyfrol hon, ond rhywbeth cyfoes, perthnasol yn ogystal.

Diolch i'm cyfaill a chyd-weithiwr, Aled Davies o Gyhoeddiadau'r Gair am fentro i gyhoeddi'r gyfrol. Er cychwyn fel traethawd ymchwil nid cyfrol academaidd drom sydd yma a dyna'r rheswm pam yr oeddwn yn awyddus i roi'r cyfle i wasg boblogaidd ei chyhoeddi.

Rwy'n hynod ddiolchgar i deulu'r diweddar R. Tudur Jones am eu cydweithrediad parod, yn arbennig wrth ganiatáu i mi bori'n ddi-rwystr drwy archif bersonol Tudur Jones yn Archifdy Prifysgol Bangor. Diolch hefyd i Tom Jones, Caernarfon am drosglwyddo i mi rai deunyddiau perthnasol a gasglwyd ganddo dros nifer helaeth o flynyddoedd, ac i nifer o unigolion y bu i mi eu cyfweld a gohebu â hwy.

Cefais gwmni diddan yn ystod cyfnod yr ymchwil. Mae fy nyled bennaf i'm gwraig Menna Machreth am fod yn gefn i mi, ac i'm rhieni am eu cefnogaeth a'm magu ar aelwyd Gymraeg a Christnogol. Y Crist croeshoeliedig a dyrchafedig oedd sylfaen ein cartref ni ac yn rhan naturiol o'n Cymreictod.

Diolch i Lyfrgell Genedlaethol Cymru am ganiatâd i ddefnyddio'r ffotograff eiconig gan Geoff Charles ar glawr y llyfr. Mae'r llun yn dangos R. Tudur Jones, Gwynfor Evans a Harri Webb yn arwain rali flynyddol Plaid Cymru yn Aberystwyth yn 1961.

Yn olaf, diolch i John Gwilym Jones am ei ganiatâd i atgynhyrchu rhan o'i gywydd arbennig i R. Tudur Jones a welir isod.

Rhys Llwyd
Sulgwyn 2019

Dr. Tudur

Nid Athen rad weladwy
Yw'r Bangor sy 'Mangor mwy;
Daeth â Duw at y doeth dall,
Dod â Duw i dŷ deall;
Yn y ffae caed tafod ffydd,
I'w meirwon caed lladmerydd.

John Gwilym Jones

Cynnwys

Cyflwyniad

Ces i fy magu ar aelwyd Gristnogol oedd hefyd yn aelwyd genedlaetholgar. Roedd mynd i'r capel ar y Sul a chodi posteri Plaid Cymru yn ddwy ddefod cwbl naturiol na wnes i byth gwestiynu pan oeddwn i'n blentyn. Mae gen i lond trol o atgofion plentyndod hapus o fynd i weithgareddau'r capel a hefyd o fynd o gwmpas Comins Coch gyda fy nhad adeg *lecsiwn* yn dosbarthu taflenni'r Blaid. I'n teulu ni roedd ein Cristnogaeth a'n Cymreictod yn ddeubeth oedd yn eistedd yn naturiol o gyfforddus gyda'i gilydd.

Ond maes o law, a finnau erbyn hyn yn fy arddegau ac yn cwestiynu popeth, dyma fi'n dod ar draws ffenomenon nad oeddwn i wedi dod ar ei draws o'r blaen sef Cymry Cymraeg oedd yn dewis addoli mewn eglwysi Saesneg! A maes o law dyma fi'n dechrau clywed rhai Cristnogion yn dweud fod hynny oherwydd bod 'yr efengyl yn bwysicach nag iaith'.

Erbyn diwedd fy nghyfnod yn yr ysgol uwchradd fe drodd y posteri Plaid Cymru yn blacardiau Cymdeithas yr Iaith ac er mod i dal i fynd yn hapus i'r capel bob dydd Sul roeddwn yn barod i gwestiynu'n fwy y credoau roeddwn wedi derbyn yn ddi-gwestiwn cyn hynny. Er i'm rhieni fy annog i ymgodymu a chwestiynau mawr ffydd ac i daflu fy hun i frwydr yr iaith nid oedd fy ngwrthryfel yn rhyngu bodd pob Cristion y deuthum ar eu traws. Dwysaodd yr argyfwng oedd yn fy rhwygo ar ôl cyrraedd y Brifysgol gan fod cyfarfod yr Undeb Cristnogol yn aml yn digwydd yr un pryd a chyfarfod Cell Cymdeithas yr Iaith ac felly fe ddiriaethwyd y tensiwn ynof drwy orfod dewis mynd i un cyfarfod ac esgeuluso'r llall. Dywedwyd wrthyf gan rai bod rhaid i mi ddewis – a oeddwn i'n un o griw Duw neu'n un o fois yr iaith?

Tua'r cyfnod yna y gwnes i gyfarfod ag Arfon Jones am y tro cyntaf – daeth i'r Undeb Cristnogol yn Aberystwyth i siarad os cofiaf yn iawn. Ar ôl deall wedyn ei fod ef wedi bod yn weithgar iawn gyda Chymdeithas yr Iaith ar un adeg ac wedi bod ar dân hefyd dros waith yr efengyl yng Nghymru mentrais anfon e-bost iddo yn rhannu am fy ngwewyr.

Rwy'n cofio rhannu gydag Arfon fy rhwystredigaeth fod llawer o'm cyd-Gristnogion efengylaidd ddim yn deall fy nghonsyrn dros yr iaith a bod llawer o'm cyd-ymgyrchwyr iaith heb unrhyw ddiddordeb yn fy ffydd. Beth oeddwn i'w wneud ar yr ynys unig hon? Ac fe gofiaf yn iawn sut yr oedd ateb Arfon yn dechrau: 'Wyt ti'n gyfarwydd gyda gwaith Dr. Tudur?' Newidiodd hynny bopeth.

Na, nid oeddwn yn gyfarwydd gyda gwaith Dr. Tudur, neu R. Tudur Jones. Wedi fy magu yn nhraddodiad y Mudiad Efengylaidd y Doctor arall, Martyn Lloyd-Jones, oedd pob dim. Ond diolch i Arfon am fy nghyflwyno i waith Dr. Tudur oherwydd yng ngwaith Dr. Tudur – yn arbennig yn ei syniadau am agwedd y Cristion tuag at iaith a chenedl – y ces gyfle i ddeall fy ngwead a'm argyhoeddiadau fy hun. Trwy waith Dr. Tudur y ces gyfle i ddeall pam y'm magwyd ar aelwyd oedd yn gweld ein ffydd a'n cenedlaetholdeb fel deubeth cwbl naturiol oedd yn perthyn i'w gilydd.

Diwedd y stori oedd cael cyfle i astudio syniadau Dr. Tudur am genedlaetholdeb fel doethuriaeth a rhyw fersiwn talfyredig o'r traethawd ymchwil hwnnw yw'r llyfr hwn.

Er bod nifer o lyfrau arbennig wedi eu cyhoeddi dros y blynyddoedd diwethaf yn trafod hanes syniadaeth yng Nghymru ers oes Fictoria roeddwn o'r farn fod llawer o'r gweithiau hynny yn methu ag ymdrin â dylanwad ffydd ar syniadaeth wleidyddol rhai o brif ffigyrau'r cyfnod. Rwy'n gobeithio felly fod y llyfr hwn yn help i Gristnogion heddiw feddwl trwy eu syniadau gwleidyddol o safbwynt diwinyddiaeth Gristnogol a'i fod yn gymorth hefyd i'r Cymry nad ydynt yn meddu ar ffydd ddeall rhyw ychydig am yr argyhoeddiadau Cristnogol fu'n ysgogiad i lawer o genedlaetholwyr y ganrif a fu.

Datblygiad annisgwyl ac anffodus yn y blynyddoedd ers i mi gyflwyno fy nhraethawd ymchwil a chyhoeddi'r llyfr hwn yw'r twf mewn cenedlaetholdeb adweithiol ym Mhrydain o ganlyniad i Brexit ac yn yr Unol Daleithiau o ganlyniad i Donald Trump. Yr hyn sy'n gwneud y datblygiadau yma yn frawychus o safbwynt Cristnogol yw fod llawer o'r twf mewn cenedlaetholdeb adweithiol yn menthyg rhethreg crefydd ac wedi llwyddo i werthu eu math o genedlaetholdeb fel petasai'n 'Genedlaetholdeb Cristnogol', yn arbennig felly yn yr Unol Daleithiau. Mae nifer o lyfrau Saesneg wedi eu cyhoeddi'n ddiweddar yn trafod y ffenomenon yma ac yn trafod y rôl mae ideoleg honedig 'Gristnogol' wedi ei gyfrannu i dwf 'white supremacy', yn arbennig yn yr Unol Daleithiau.

Felly, yn annisgwyl efallai mae gan R. Tudur Jones a'r traddodiad Cymreig o Genedlaetholdeb Cristnogol lawer i'w ddweud wrth y byd a chymdeithas heddiw. Yma mae yna feirniadaeth o fathau o genedlaetholdebau na ddylai'r Cristion a'r eglwys ymlynu a hwy, ond hefyd ceir yma gyflwyniad i fath dyrchafol o genedlaetholdeb y gallai'r Cristion a'r eglwys ymlynu â hi. Mae datblygiadau'r blynyddoedd diwethaf wedi dangos nad perthyn i lyfrau hanes yn unig mae'r testun a drafodir yn y llyfr hwn – mae'r cwestiwn ynghylch natur a tharddiad cenedlaetholdeb a'i berthynas â ffydd a chrefydd eto'n fyw.

Rhagymadrodd

R. Tudur Jones (1921-1998)

Ganwyd Robert Tudur Jones yn y Tyddyn Gwyn, Rhos-lan, Cricieth, ar 28 Mehefin 1921. Ef oedd mab hynaf John Thomas ac Elizabeth Jones. Dylanwadodd effeithiau Diwygiad 1904-1905 yn drwm ar ei rieni a thrwy gydol eu bywyd yr oedd crefydd a Christnogaeth yn rhan annatod ac anhepgorol o fywyd eu haelwyd. Bu i ofynion cyflogaeth ei dad orfodi'r teulu i symud i'r Rhyl. Ymgartrefasant yn gyntaf mewn tŷ gerllaw Pont y Foryd ac yna'n ddiweddarach mewn tŷ yn Princes Street. Erbyn hynny roedd ganddo frawd a chwaer iau, John Ifor a Meg. Gweithio fel gard rheilffordd i'r LMS yr oedd ei dad, a bywyd syml a nodweddai'r bywyd teuluol.

Er mai Saesneg oedd iaith ysgol Christ Church a diwylliant poblogaidd y dref fel ei gilydd, y Gymraeg oedd iaith y cartref a'r capel. Mynychai'r teulu gapel Carmel yr Annibynwyr a'r gweinidog ar y pryd oedd y Parchedig T. Ogwen Griffith – gŵr efengylaidd ei ogwydd.[1] Yn ystod y blynyddoedd cynnar hyn yng nghapel Carmel y daeth doniau a gallu anarferol Tudur Jones i'r amlwg gyntaf a hynny drwy ddysgu ar ei gof a llefaru rhannau helaeth o'r ysgrythur. Yr arfer ar y pryd oedd i bob plentyn adrodd adnod neu ddwy ond dysgai Tudur Jones benodau cyfan. Bu rhaid i'w dad atal yr arfer a hynny ar ôl i'r plentyn deallus gyhoeddi un diwrnod ei fwriad i fynd ati i ddysgu'r Salm fawr ar ei gof. Nododd D. Densil Morgan fod 'tynerwch ei fam (a fu farw yn gwbl annisgwyl yn 1932 yn 44 oed), cadernid ei dad a chymdeithas aelwyd a chapel yn ddylanwadau ffurfiannol arno.'[2]

---

1 R. Tudur Jones: *Dylanwadau*, sgwrs a draddodwyd yng Ngwyliau'r Gwanwyn, Bryn y Groes, Y Bala yn 1994. Casét sain. Meddiant personol.

2 D. Densil Morgan: *Cedyrn Canrif – Crefydd a Chymdeithas yng Nghymru'r Ugeinfed Ganrif* (Caerdydd: Gwasg Prifysgol Cymru, 2001), 221

Yn un ar ddeg oed, fe aeth Tudur Jones ymlaen i Ysgol Ramadeg y Rhyl lle daeth dan ddylanwad T.I. Ellis ac S.M. Houghton. Dan Ellis y daeth Tudur Jones i ddechrau ymgyfarwyddo â'r iaith Groeg tra mai Houghton a'i cyflwynodd i weithiau a syniadau'r Piwritaniaid a'r traddodiad Calfinaidd am y tro cyntaf. Yn ystod y cyfnod hwn hefyd y cyfarfu ag un o'i gyfeillion oes, sef y llenor Emyr Humphreys. Yn gwbl groes i weddill eu cyd-ddisgyblion, ac er gwaethaf eu gwrthwynebiad a'u hanfodlonrwydd, gwelodd y ddau gyfaill ifainc genedlaetholdeb newydd yr oes yn rhywbeth deniadol iawn ac fe'i hysbrydolwyd yn fawr gan y weithred o losgi'r Ysgol Fomio ym 1936 a'r achos llys a ddilynodd y weithred arwyddocaol honno.[3] Ond nid doniau academaidd amlwg a Chymreictod cadarn oedd yr unig nodweddion o'i gymeriad a amlygodd eu hunain yn ystod y cyfnod hwn, ond hefyd fe'i gwelwyd yn meithrin bywyd ysbrydol neilltuol iawn. Nododd Tudur Jones ei hun sut y bu iddo gael ei gyffwrdd yn arbennig gan bregethau T. Glyn Thomas, Wrecsam ac yna Martyn Lloyd-Jones wrth iddo annerch mewn ymgyrch efengylaidd ar bromenâd y Rhyl. Dyma'r noson lle 'taniodd y fatsien' fel y nododd mewn rhaglen ddogfen ar S4C yn 1994.[4]

Er i Tudur Jones ennill ysgoloriaeth i Goleg yr Iesu, Rhydychen, mynnodd ei dad ei fod yn parhau â'i astudiaethau yng Nghymru, ac i Fangor yr aeth fis Medi 1939. Cofrestrodd i ddilyn cyrsiau Cymraeg, Hanes ac Athroniaeth ac ymhen cwta flwyddyn roedd hefyd wedi cofrestru fel myfyriwr yng Ngholeg Bala-Bangor gan fynegi ei ddymuniad am y tro cyntaf i fod yn ymgeisydd am y weinidogaeth. Ym Mala-Bangor astudiodd Hanes yr Eglwys dan John Morgan Jones, diwinydd a berthynai i'r traddodiad rhyddfrydol yng Nghymru, ac Athroniaeth Crefydd dan J.E. Daniel, gŵr â goleddai safbwyntiau mwy uniongred. J.E. Daniel oedd un o ladmeryddion cynharaf Barthiaeth nid yn unig yng Nghymru ond ym Mhrydain yn ogystal. Er bod gan Tudur Jones barch o'r radd flaenaf at Morgan Jones fel hanesydd ac fel ieithydd gwerinol o'r iawn ryw, Daniel yn sicr oedd y ffigwr mwyaf dylanwadol a hynny oherwydd ei

3 Ibid., 221

4 Dr. Tudur - *Portread o Dr R. Tudur Jones, diwinydd a hanesydd eglwysig o'r Rhyl*, Ffilmiau'r Bont/S4C, darlledwyd ar 15 Mawrth 1994. Archif Sgrin a Sain, Llyfrgell Genedlaethol Cymru.

uniongrededd ddiwinyddol a'i waith gyda'r Blaid Genedlaethol: apeliai hyn yn fawr iawn at y Tudur Jones ifanc. Nododd mai Daniel a berodd iddo sylweddoli pa mor gyfoethog oedd y traddodiad efengylaidd Cymraeg.[5] Graddiodd yn 1945 gyda'r marciau uchaf erioed i'w dyfarnu gan gyfadran Ddiwinyddiaeth Prifysgol Cymru.

Er gwaethaf gwrthwynebiad blaenorol ei dad, gadael Cymru am Goleg Mansfield, Rhydychen, a wnaeth yn 1945 a hynny er mwyn dilyn cwrs D.Phil. Bwriodd ati i lunio traethawd ar fywyd a gwaith y Piwritan Cymreig, Vavasor Powell. Gan nad oedd Coleg Mansfield yn un o golegau'r Brifysgol ar y pryd roedd Tudur Jones yn aelod o Gymdeithas Santes Catherine a phenodwyd y Canon Claude Jenkins, Athro Brenhinol Hanes yr Eglwys yng Ngholeg Eglwys Crist, yn diwtor iddo. Roedd Jenkins yn disgwyl llwyr ymroddiad a'r safonau uchaf posibl gan ei fyfyrwyr ac y mae'n bosib mai'r gŵr hwn a ddysgodd rinweddau disgyblaeth i Tudur Jones. Mynnodd Jenkins fod Tudur Jones yn cyflwyno ysgrif iddo'n wythnosol hyd yn oed os na theimlai fod ganddo rywbeth newydd i'w rannu.[6] Fe dalodd y ddisgyblaeth a'r disgwyliadau uchel hyn ar eu canfed oherwydd bu i Tudur Jones gwblhau ei draethawd flwyddyn cyn i'w gyfnod ymchwil ddod i ben. O ganlyniad, rhoddwyd cyfle i Tudur Jones dreulio tymor yng nghyfadran Brotestannaidd Prifysgol Strasbwrg. Erbyn 1948 daeth ei addysg ffurfiol academaidd i ben ac fe'i ordeiniwyd gan Nathaniel Micklem, Prifathro Coleg Mansfield, yn Eglwys Seion, Baker Street, Aberystwyth. Y flwyddyn honno fe briododd â Gwenllian Edwards, a gyfarfu gyntaf tra'n fyfyriwr ym Mangor. Gyda threigl y blynyddoedd cawsant bump o blant: Rhys, Nêst, Geraint, Meleri ac Alun.

Ar ôl dwy flynedd yn unig fel gweinidog yn Aberystwyth daeth cadair Hanes yr Eglwys Coleg Bala-Bangor yn wag a hynny'n dilyn penodiad Pennar Davies i swydd yng Ngholeg Coffa Aberhonddu. Estynnwyd gwahoddiad iddo ymuno â staff Bala-Bangor ac fe'i derbyniodd. Yn dilyn marwolaeth Gwilym Bowyer yn 1965 fe'i dyrchafwyd yn Brifathro. Yn ogystal â'i ddyletswyddau ym Mala-Bangor bu hefyd yn ddarlithydd mewn Syniadaeth Gristnogol yn adran Astudiaethau Beiblaidd y

5 R. Tudur Jones: 'Holi'r Prifathro R. Tudur Jones' yn *Cristion* (Gorffennaf/Awst 1986), 14

6 R. Tudur Jones: 'Yr ysfa ysgrifennu' yn *Llais Llyfrau* (Gaeaf, 1982), 8

Brifysgol o 1957 ymlaen ac yn dilyn ei ymddiswyddiad ac uno Colegau'r Annibynwyr yn Aberystwyth ddiwedd yr 1980au, fe'i penodwyd yn Athro Anrhydeddus gan adran Ddiwinyddiaeth y Brifysgol.

Gydol y 1950au ymddangosai ysgrifau sylweddol a safonol ganddo mewn cyfnodolion a chylchgronau Cymraeg a Saesneg ar hanes crefydd. Ond fel y nododd D. Densil Morgan 'rhagymadrodd oedd y rhain ar gyfer yr un gyfrol a oedd, ac a erys, yn un o glasuron hanes ein crefydd sef *Hanes Annibynwyr Cymru* (1966).'[7] Roedd hon yn gyfrol bwysig ac fel y dywedodd Geraint H. Jenkins amdani: 'This beautifully written book... became an instant classic and is unlikely ever to be superceded.'[8] Nododd R. Geraint Gruffydd ymhellach: 'o fewn cwmpas un pâr o gloriau, ... [ceir] hanes Cristnogaeth Brotestannaidd yng Nghymru o ddechrau'r Rhyfeloedd Cartref (a chyn hynny) hyd heddiw ... mae'n anodd meddwl yr ysgrifennir fyth ei well.'[9] Fe gyhoeddwyd cyfieithiad Saesneg o'r gyfrol gan Wasg Prifysgol Cymru dan olygyddiaeth Robert Pope yn 2004. Fe ddilynwyd *Hanes Annibynwyr Cymru* gan *Yr Undeb: Hanes Undeb yr Annibynwyr Cymraeg 1872-1972* (1975). Yn y gyfrol hon amlygwyd unwaith eto fod Tudur Jones yn hanesydd o'r radd flaenaf ac yn rhyddiaethwr Cymraeg penigamp. Nododd D. Densil Morgan: 'Nid nofel mo'r gyfrol ond mae'n darllen yn well na llawer nofel.'[10] Roedd ei ddawn i ddod â hanes yn fyw, yn ei lyfrau yn ogystal â'i ddarlithiau, yn ddawn arbennig a phrin.

Ei gyfrol orchestol gyntaf, cyn cyhoeddi unrhyw lyfr Cymraeg, oedd *Congregationalism in England, 1662-1962* (1962). Mae'n nodedig ei fod wedi cael gwahoddiad – ac yntau'n hanesydd ifanc – i lunio'r gyfrol hon i ddathlu trichanmlwyddiant y 'troi allan'. Derbyniodd radd DD,

---

7 D. Densil Morgan: *Cedyrn Canrif – Crefydd a Chymdeithas yng Nghymru'r Ugeinfed Ganrif* (Caerdydd: Gwasg Prifysgol Cymru, 2001), 221

8 Geraint H. Jenkins: *Protestant Dissenters in Wales 1639-89* (Caerdydd: Gwasg Prifysgol Cymru, 1991), 7

9 R. Geraint Gruffydd: 'Hanesydd y Piwritaniaid a'r hen Anghydffurfwyr yng Nghymru' yn *Y Gair a'r Genedl: Cyfrol Deyrnged i R. Tudur Jones*, E. Stanley John gol. (Abertawe: Gwasg John Penry, 1986), 19-27

10 D. Densil Morgan: *Cedyrn Canrif – Crefydd a Chymdeithas yng Nghymru'r Ugeinfed Ganrif* (Caerdydd: Gwasg Prifysgol Cymru, 2001), 230

operis causa, am y ddwy gyfrol *Congregationalism in England* ac *Hanes Annibynwyr Cymru*. Ef oedd y pedwerydd person i dderbyn yr anrhydedd ar ôl W.D. Davies, Bleddyn Jones Roberts a J. Heywood Thomas.

Erbyn y 1970au datblygodd Tudur Jones ddiddordeb arbennig yng Nghymru oes Fictoria ac ymchwiliodd yn fanwl i'r cyfnod. Rhan o ffrwyth yr ymchwil hwn oedd cyhoeddi dwy gyfrol sylweddol yn dwyn y teitl *Ffydd ac Argyfwng Cenedl: Hanes Crefydd yng Nghymru, 1890-1914*. Cyhoeddwyd y gyfrol gyntaf yn 1981 ac fe'i dilynwyd gan yr ail gyfrol flwyddyn yn ddiweddarach. O fewn cloriau'r cyfrolau ceir dadansoddiad manwl a chraff o'r newid crefyddol a ddigwyddodd yng Nghymru ym mlynyddoedd olaf y bedwaredd ganrif ar bymtheg. Gwerth nodi yn ogystal fod yr ail gyfrol nid yn unig yn cynnwys penodau gwerthfawr iawn yn trafod Diwygiad 04-05 ond hefyd bod yr awdur wedi ceisio'i werthuso. Mae'r ddwy gyfrol hyn wedi'u cyfieithu a'u cyhoeddi fel un gyfrol Saesneg, unwaith eto dan olygyddiaeth Robert Pope a'i chyhoeddi gan Wasg Prifysgol Cymru yn 2004.

Yn ogystal â chyhoeddi cyfrolau hanesyddol daeth gweithiau athronyddol, syniadaeth a defosiynol o stydi Tudur Jones hefyd. At Tudur Jones y trodd yr Annibynwyr ym 1952 er mwyn ymateb i'r gwrthwynebiad a ddatblygodd i safiad yr Undeb ar Hunanlywodraeth i Gymru. Fe gyhoeddodd Tudur Jones y pamffled *Yr Annibynwyr a Hunanlywodraeth i Gymru* yn 1952 ac ymhen blwyddyn fe gyhoeddwyd ysgrif ganddo yn Saesneg yn trafod y wladwriaeth sef *The Christian doctrine of the state* yn *Proceedings of the Seventh International Congregational Council, St. Andrews University*. Cyhoeddodd Plaid Cymru bamffled o'i eiddo'n dwyn y teitl *Egwyddorion Cenedlaetholdeb: y frwydr dros urddas dyn yng Nghymru* yn 1959. Cyhoeddwyd *Yr Ysbryd Glân* ganddo ym 1972 ac yn y gyfrol hon, a luniwyd yn wreiddiol fel maes llafur yr ysgolion Sul, y daw rhai o'i bwysleisiadau Calfinaidd i'r amlwg. Fe ymddangosodd cyfrol Saesneg ar bwnc cenedlaetholdeb o'r enw *The Desire of Nations* ganddo yn 1974.

Bu'n ymgeisydd seneddol i Blaid Cymru ym Môn yn 1959 a 1964 a gwasanaethodd Plaid Cymru fel Is-Lywydd rhwng 1957 a 1962. Roedd gan Tudur Jones ddawn fel newyddiadurwr poblogaidd yn ogystal. Bu'n olygydd papur newyddion Saesneg Plaid Cymru, y *Welsh Nation*, rhwng 1952 a 1964 a'r papur Cymraeg, *Y Ddraig Goch*, rhwng 1964-1973. Cyhoeddodd nifer helaeth o ysgrifau yn y cylchgrawn *Barn* ac fe ail-gyhoeddwyd rhai ohonynt yn y gyfrol *Ffydd yn y Ffau* a gyhoeddwyd yn 1974, sef casgliad pwysig o ysgrifau sy'n dangos sut yr oedd ei ddiwinyddiaeth yn dylanwadu ar ei feddwl gwleidyddol. Cyhoeddodd ei erthyglau wythnosol, 'Tremion', yn y Cymro ac erbyn iddo roi'r gorau i'r gwaith yn 1997 roedd wedi cyhoeddi dros fil pum cant ohonynt. Cyhoeddwyd detholiad o'r 'Tremion' gorau mewn llyfryn yn dwyn y teitl *Darganfod Harmoni* yn 1982. Cymaint oedd ei ddawn fel newyddiadurwr nes i'r *Daily Express*, yn 1968, gynnig swydd llawn amser iddo (a hynny ar gyflog sylweddol uwch nag yr enillasai fel Prifathro Bala-Bangor) fel colofnydd materion Cymreig. Dywedodd Bobi Jones am ei ddawn fel newyddiadurwr: 'Newyddiadurwr crefyddol yw ef sydd, ymddengys i mi... yn fwy o ysgolhaig lawer na'r un a gafwyd o'r blaen yn Ynysoedd Prydain.'[11]

Ef oedd llywydd Cynghrair Annibynwyr y Byd rhwng 1981-85, cymedrolwr Cyngor Eglwysi Rhyddion Lloegr a Chymru ym 1985-6 ac ar ddechrau'r 1990au roedd yn un o ugain o bobl a wahoddwyd gan y Cynghrair Efengylaidd i gyfarfod i asesu Bendith Toronto. Bu Tudur Jones farw'n ddisymwth iawn ym mis Gorffennaf 1998. Roedd yng nghanol gwaith sylweddol arall, sef cyfrol ar hanes Cristnogaeth yng Nghymru o'u dechreuadau. Dengys y teyrngedau iddo gan rai a arddelai safbwyntiau gwahanol iddo yn ogystal â rhai a gydymdeimla ag ef fod Tudur Jones yn ffigwr sylweddol yn hanes crefyddol, cymdeithasol a gwleidyddol Cymru'r ugeinfed ganrif.

Nid bwriad y gyfrol hon yw adrodd hanes llawn a chyffredinol am fywyd, gwaith a chyfraniad Tudur Jones. Ni cheisiwyd trafod ei gyfraniad fel hanesydd na thrafod ei hanesyddiaeth yn fanwl. Ni cheisiwyd chwaith drafod ei gyfraniad cyffredinol i'r traddodiad Anghydffurfiol, yn arbennig yr Annibynwyr, yn ystod ei yrfa. Amcan y gyfrol hon yw adrodd hanes R. Tudur Jones y Cenedlaetholwr o Gristion ac asesu ei ddylanwad ar gyfeiriad y mudiad cenedlaethol a dylanwad y traddodiad Cristnogol yn gyffredinol ar genedlaetholdeb Gymreig.

11 Bobi Jones: 'R. Tudur Jones fel llenor a newyddiadurwr' yn *Cristion*, 83 (1997), 15

Ymddengys fod Tudur Jones yn ymwybodol iawn o beryglon cenedlaetholdeb fel ideoleg ac yn arbennig y perygl o wneud eilun o'r genedl neu'r Wladwriaeth, fel a ddigwyddodd yn yr Almaen yn y 1930au. Oherwydd y realiti fod modd i genedlaetholdeb syrthio'n ysglyfaeth i ideolegau eraill fel ffasgaeth, fe drafodir sut y gwnaeth Tudur Jones ymdrech fwriadus i sylfaenu ei genedlaetholdeb ef ar werthoedd Cristnogol a fu'n fodd o osod cywair ideolegol i'r mudiad cenedlaethol yn gyfan.

Roedd y ffydd Gristnogol yn hanfodol bwysig i Tudur Jones a llawer o'i gyfoeswyr wrth iddynt ystyried pynciau gwleidyddol a diwylliannol, a'm gobaith yw y bydd y gyfrol hon yn cyfrannu at ein dealltwriaeth o syniadaeth y mudiad cenedlaethol yn yr ugeinfed ganrif. Er mai canrif o seciwlareiddio a welwyd yng Nghymru roedd y grefydd Gristnogol, yn arbennig yn ei gwedd anghydffurfiol, yn parhau i fod yn ddylanwad sylweddol yn y gymdeithas Gymraeg yn ystod y rhan helaethaf o'r ganrif. Felly, gobaith y gyfrol hon, drwy ystyried gwaith a chyfraniad Tudur Jones, yw amlygu un o brif haenau syniadaethol y mudiad cenedlaethol yn yr ugeinfed ganrif, carreg sylfaen y mudiad cenedlaethol cyfoes.

Pennod 1

Geni'r Gymru Anghydffurfiol

Prif ddiddordeb academaidd R. Tudur Jones drwy gydol ei yrfa oedd Hanes yr Eglwys a Syniadaeth Gristnogol. O ran ei dueddiadau diwinyddol roedd yn Brotestant ac yn Ymneilltuwr ac o ran ei werthoedd a'i feddylfryd gwleidyddol roedd yn genedlaetholwr Cymreig. Beth oedd y berthynas rhwng diwinyddiaeth Tudur Jones a'i wleidyddiaeth? Oes modd olrhain y dylanwadau a'r elfennau hynny a'i gwnaeth yn genedlaetholwr Cristnogol a gredai'n ddigyfaddawd na ellid gwadu'r berthynas agos a fodolai rhwng ffydd a chyflwr diwylliannol a gwleidyddol cenedl y Cymry, yn enwedig felly mewn perthynas â'r iaith Gymraeg?

Dadleuodd y damcaniaethwr ar Genedlaetholdeb, Anthony D. Smith, fod yr angerdd oedd yn deillio o genedlaetholdeb a'r ymrwymiad cryf yr oedd pobl yn ei ddangos tuag at eu hunaniaeth genedlaethol yn mynnu esboniad dyfnach nag yr oedd unrhyw theori economaidd neu wleidyddol yn medru ei gynnig. O ganlyniad, honnodd fod yn rhaid ystyried sut y llwyddodd cenedlaetholdeb i wreiddio mor ddwfn yng nghalonnau a meddyliau pobl a datblygu'n feddylfryd a byd-olwg poblogaidd. 'Surely', meddai Smith, 'only from deep-rooted, enduring religious beliefs and sentiments, and a powerful sense of the sacred, which required absolute loyalty'[1] y gwreiddiai genedlaetholdeb mor ddwfn.

Dadleuodd Anthony D. Smith fod y traddodiad Iddewig–Gristnogol yn cynnig fframwaith ffafriol i hybu cenedlaetholdeb a chredai fod rôl yr Hen Destament a'i ddysgeidiaeth am bobl etholedig a thiriogaeth sanctaidd yn allweddol:

---

1 Anthony D. Smith: *Chosen Peoples: Sacred Sources of National Idenity* (Rhydychen: OUP, 2003), vii

> Old Testament beliefs in chosen peoples and sacred territories were a continual source of inspiration and language for a dynamic providential history among so many Christian peoples in Europe and America; and that in turn was vital for their growing sense of national identity in the early modern epoch. The religious aspect, rooted in the Hebrew Bible, appeared therefore to complement and reinforce their sense of common ethnicity.[2]

Casgliad Smith yw bod dylanwad ffydd a chysyniadau o'r sanctaidd a'r dwyfol wedi bod yn ffactorau allweddol yn y gorffennol a gall y delweddau a'r myth sydd ynghlwm â nhw barhau i ddylanwadu ac ysbrydoli cenedlaetholwyr heddiw.[3] 'The foundations can', meddai Smith, 'be provided *only* by the sense of the sacred and the binding commitments of religion. So it is in the sphere of "religion" that we must seek primarily the source of national attachments.'[4] Priodol felly yw ystyried i ba raddau y mae'r honiad yma gan Anthony D. Smith yn berthnasol am genedlaetholdeb Tudur Jones a'r traddodiad Cymreig yn gyffredinol.

Cymru: iaith a chrefydd fel nodweddion cenedlaethol

Derbyniwn yma mai ystyr 'cenedl' yw casgliad o bobl sydd â hanes a diwylliant, ac yn y rhan fwyaf o achosion, iaith gyffredin a theimlad o berchnogaeth ar dir arbennig. Yn ogystal, yn y cyfnod modern, ceir sefydliadau cenedlaethol sy'n ffocws i lawer o'r nodweddion cenedlaethol hyn: gallent fod yn sefydliadau cyfreithiol, addysgol, diwylliannol a/neu grefyddol. Er bod sefydliadau cenedlaethol yn ffenomenon ddiweddar yn hanes Cymru, ceir nifer yn dadlau'n gryf o blaid y cysyniad fod gwreiddiau cenedl y Cymry i'w canfod ymhell yn ôl yn hanes. Dyma'n union a ddadleuai Tudur Jones yn *The Desire of Nations*.[5] Mewn ymateb

2 Ibid., viii

3 Ibid., 258

4 Ibid., 5 (pwyslais wedi ei ychwanegu)

5 R. Tudur Jones: *The Desire of Nations* (Llandybie: Christopher Davies, 1974), 69

i'r damcaniaethwyr a ddadleuai mae cenedlaetholwyr a greodd y genedl, meddai:

> In Wales, on the contrary, the Welsh nation emerges from the mist of antiquity and for love of it and out of concern about it, its sons and daughters embrace Nationalism. There is then a story of development. Those manifold elements that contribute towards the being of the nation can be traced as they grow and gather strength. The complexity of nationhood unfolds as the generations pass by.[6]

Yn nhyb J. E. Caerwyn Williams, un o gyfoeswyr Tudur Jones, gellid olrhain cychwyn cenedligrwydd y Cymry a hedyn eu cenedlaetholdeb yn ôl i ddechreuadau'r iaith Gymraeg. Yn ôl John Morris-Jones ac Ifor Williams roedd hynny tua chanol y chweched ganrif.[7] Dadleuodd Geraint H. Jenkins fod y canrifoedd hynny rhwng ymadawiad y Rhufeiniaid a dyfodiad y Normaniaid yn rhai allweddol oherwydd iddynt weld datblygiadau arwyddocaol iawn mewn perthynas â chenedligrwydd y Cymry. Dyma'r canrifoedd, yn ôl Geraint Jenkins, pryd y ffurfiwyd tywysogaethau gwleidyddol a thiriogaethol ar dir Cymru a'r cyfnod pryd y lluniwyd hefyd ddeddfau cwbl unigryw i Gymru gan Hywel Dda: 'At a time when political and administrative unity was at a premium, the Welsh laws symbolised the otherness of Wales and provided a robust, Welsh-language jurisprudential substructure of government. By any reckoning, the codification of the Welsh laws was a defining moment in the history of Wales.'[8] Hefyd, yn ôl Jenkins, dyma'r cyfnod pan welwyd y cenhadon Cristnogol cynnar y cyfeirir atynt fel y 'Saint Cymreig' yn mynd ati i gyflwyno'r grefydd newydd i'r bobl gan sefydlu nifer o gelloedd neu lannau ledled Cymru. Ac wrth gwrs, mynnai Geraint Jenkins mai dyma'r cyfnod y gwelwyd geni'r iaith Gymraeg. Yn ôl nifer o ysgolheigion felly, bu'r datblygiadau pwysig hyn rhwng ymadawiad y Rhufeiniaid a dyfodiad y Normaniaid yn gyfnod tra arwyddocaol yn natblygiad hunaniaeth y

6 Ibid., 69

7 J. E. Caerwyn Williams: 'Twf Cenedlaetholdeb yng Nghymru'r Oesoedd Canol' yn *Gwinllan a Roddwyd*, Dewi Eurig Davies gol. (Llandybie: Christopher Davies, 1972), 63

8 Geraint H. Jenkins: *A Consise History of Wales* (Caergrawnt: Gwasg Prifysgol Caergrawnt, 2007), 49

Cymry gyda'r grefydd Gristnogol newydd a thwf yr iaith Gymraeg yn ffactorau pwysig.

Fodd bynnag, er i Geraint Jenkins gydnabod pwysigrwydd ac arwyddocâd y canrifoedd hyn mynnai mai egin cenedl yn unig a fodolai yn y cyfnod a bod haneswyr cenedlaetholgar modern wedi gorliwio'r realiti er mwyn creu'r naratif cenedlaethol. Meddai eto: 'Nineteenth and twentieth-century Nationalist Historians often depicted pre-Norman Wales as having already embarked on a pre-ordained march towards a Welsh nation state and viewed several of the aformentioned rulers as proto-nationalist figures. This interpretation is difficult to sustain.'[9] Mae cyhuddiad Geraint Jenkins yn un teg. Er enghraifft yn ei adolygiad o *Hanes Methodistiaeth Cymru* a gyhoeddwyd dan olygyddiaeth Gomer M. Roberts daw hanesyddiaeth ramantaidd Saunders Lewis i'r amlwg wrth iddo adrodd fod y gyfrol yn trafod 'stori ail eni ein cenedl' oherwydd erbyn 1730 fod 'mil o flynyddoedd o addoli'r Arglwydd Iesu Grist yn eu ffurfiant, yn eu gwead, yn eu cromosomau'.[10] Mae Saunders yn trafod cyfnod o ganrifoedd yn dra chyffredinol, ond prif arwyddocâd yr enghraifft yma i'n trafodaeth ni yw'r lle a roddodd i rôl y grefydd Gristnogol yn ffurfiant cenedl y Cymry. Gwelir math tebyg o hanesyddiaeth yng ngwaith Gwynfor Evans. Wrth drafod yr oesoedd canol yn *Aros Mae* adroddai'n dra chyffredinol 'fod yr iaith Gymraeg yn gyfrwng gwarineb mor lân mewn cyfnod mor anwar; fod golau clir yn tywynnu drwyddi pan oedd goleuadau Ewrop wedi eu diffodd'.[11] Cydnabu Tudur Jones ym mroliant y gyfrol mai dymuniad Gwynfor Evans oedd 'ein gwahodd i astudio'r patrwm cyfan yn hytrach nag ymgolli yn y manylion'.[12]

Gwelir y duedd yma, ond i raddau llai, yng ngwaith Tudur Jones ei hun hefyd, ond cymera fwy o ofal na rhai o'i gyfoeswyr drwy fynnu gwahaniaethu rhwng balchder diwylliannol a chenedlaetholdeb, rhwng cariad at fro a chenedlaetholdeb a rhwng cenedligrwydd a'r

9 Ibid., 44

10 Saunders Lewis: 'Y Deffroad Mawr' yn *Barn*, 139 (Mai, 1974), 284-5

11 Gwynfor Evans: *Aros Mae* (Abertawe: Gwasg John Penry, 1971), 46

12 Ibid., gweler broliant R. Tudur Jones ar y siaced lwch.

ymwybyddiaeth o'ch cenedligrwydd.[13] Wrth drafod hanes Cymru yn yr oesoedd canol mynnai Tudur Jones fod modd adnabod twf cenedligrwydd os y derbyniwn na ellid ei fesur yn ôl diffiniadau cyfoes. Meddai: 'We must be ready to embrace the possibility that mediaeval nationality expressed itself in political, social and administrative forms that are alien to us.'[14] Ymhellach, wrth drafod cyfraniad Llywelyn Fawr dadleuodd: 'The difficulty for modern students of the period is that they work so frequently with the unrecognised presupposition that national unity can only be taken seriously when expressed through the medium of the centralised State of today.'[15] Er iddo gydnabod yn *The Desire of Nations* fod beirdd yr oesoedd canol yn canolbwyntio'n fwy ar 'celebrating their own existence and that of their society' na'u cywirdeb wrth gyfathrebu 'factual information about the past',[16] yn yr un bennod y mae'n defnyddio gwaith y beirdd fel tystiolaeth 'that leave us in no doubt that the policy of uniting Wales was something much more than an example of baronial rapacity. Behind the policy and accompanying policy there was also the realization that the Welsh were a nation.'[17] Gwelir felly fod haneswyr cenedlaetholgar modern, gan gynnwys Tudur Jones i raddau, wedi gor-ramanteiddio hanes Cymru a dychymygu eu bod yn gweld cychwyniadau cenedlaetholdeb nad oeddynt yno mewn gwirionedd, neu o leiaf, na ellid eu profi. Ond i'r cenedlaetholwr modern nid y dystiolaeth a'r manylion sy'n bwysig, ond yn hytrach y gallu i greu'r naratif. O geisio dirnad dealltwriaeth Anthony D. Smith a'r ethnosymbolwyr o'r hyn a olygir wrth 'genedlaetholdeb' gellid yn hawdd deall sut y gwelai cenedlaetholwyr modern Cymreig y genedl a chenedlaetholdeb yn elfennau a darddai o'r cyfnod cynnar hwn er gwaethaf y diffyg tystiolaeth.

Ond ni ellid gwadu bod grŵp o bobl wedi ymddangos yn y cyfnod cynnar hwn, a oedd wedi'u huno gan nodweddion cyffredin a oedd yn cynnwys cof, cyfraith, iaith a chrefydd. O'r cyfnod hwn y daw dyfyniad

13 R. Tudur Jones: *The Desire of Nations* (Llandybie: Christopher Davies, 1974), 72

14 Ibid., 72

15 Ibid., 84

16 Ibid., 73

17 Ibid., 85

enwog 'Yr Hen Ŵr o Bencader' a gofnodwyd gan Gerallt Gymro, ac y mae'n ddiddorol nodi'r cyswllt yn ei eiriau rhwng y Gymraeg a chrefydd:

> O frenin, ac eiddo eraill, yn awr megis gynt a llawer gwaith eto tan orfodaeth ei haeddiannau, a ellir i'r genedl hon. Yn llwyr, fodd bynnag, trwy ddigofaint dyn, oni bo hefyd ddigofaint Duw yn cydredeg ag ef, ni wneir ei dileu. Ac nid unrhyw genedl arall, fel y barnaf fi, amgen na hon o'r Cymry, nac unrhyw iaith arall, ar Ddydd y Farn dostlem gerbron y Barnwr Goruchaf, pa beth bynnag a ddigwyddo i'r gweddill mwyaf ohoni, a fydd yn ateb dros y cornelyn hwn o'r ddaear.[18]

Yr hyn sy'n drawiadol ynghylch y dyfyniad hwn yw'r modd y mae'r iaith yn cael ei drafod yng nghyswllt cyfrifoldeb pobl gerbron Duw. Yma gwelir sut cafodd cysyniadau crefyddol eu plethu ynghyd â hunaniaeth Gymreig o gyfnod cynnar iawn. Yn ystod y canrifoedd dilynol byddai'r berthynas hon rhwng y Gymraeg a ffydd y Cymry yn dod llawer iawn yn amlycach nes peri i bobl honni fod yna rywbeth hanfodol grefyddol ynghylch cymeriad y Cymry. Dadleuodd R. Tudur Jones yn ei gyfrolau *Ffydd ac Argyfwng Cenedl*, fod y ffydd Gristnogol a diwylliant y Cymry erbyn diwedd y bedwaredd ganrif ar bymtheg wedi ymblethu i'w gilydd i'r fath raddau fel eu bod 'mor glos fel na allai dewin ddweud i sicrwydd lle gorweddai'r ffin rhyngddynt.'[19] Mae'r union bwynt yn cael ei ategu gan Glanmor Williams pan ddywedodd: 'Of all the associations between religion and social value in Wales, the most intriguing and longest lasting has been that between religion and nationality. From the outset, the Christian religion seemed to be part of the essence of Welshness.'[20]

Yn ystod y Diwygiad Protestannaidd cyfrannai'r Esgob Richard Davies at y naratif hwn drwy gyfrwng ei 'Epistol at y Cembru' a gynhwyswyd fel cyflwyniad i'w gyfieithiad o'r Testament Newydd yn 1567. Yma honnai'r Esgob fod yr efengyl wedi cyrraedd Cymru yn uniongyrchol drwy law Joseff o Arimathea. Dadleua ymhellach fod yr efengyl wedi ei diogelu yn

18 Thomas Jones (gol.), *Gerallt Gymro* (Caerdydd: Gwasg Prifysgol Cymru, 1938), 231-32

19 R. Tudur Jones: *Ffydd ac Argyfwng Cenedl – Hanes Crefydd yng Nghymru 1890-1914, Cyfrol 1* (Gwasg John Penry: Abertawe, 1981), 17

20 Glanmor Williams: *The Welsh and Their Religion* (Caerdydd: Gwasg Prifysgol Cymru, 1991), 14

ei ffurf glasurol gan yr hen Frythoniaid, cyndeidiau'r Cymry, cyn iddi gael ei llygru gan draddodiadau Rhufain drwy law Awstin o Gaergaint. Amcan Richard Davies wrth lunio ei 'epistol' oedd argyhoeddi'r Cymry nad rhywbeth newydd ac estron oedd y ffydd Gristnogol ddiwygiedig a ddeuai ar don y Diwygiad Protestannaidd, ond yn hytrach symudiad ydoedd a fyddai'n ailgysylltu'r Cymry â'u gwreiddiau Celtaidd Cristnogol. Dywedodd R. Tudur Jones am gyfraniad Richard Davies: 'The history is hardly convincing but the legend commended Anglicanism to the Welsh people and gave them a dramatic historical role.'[21] Mae dehongliad Tudur Jones o agenda Richard Davies yn dangos ei fod yn ymwybodol fod naratif wedi ei greu a bod perthynas glos i'w ganfod rhwng yr iaith Gymraeg a'r ffydd Gristnogol – bellach yn ei gwedd Brotestannaidd – yn y naratif hwnnw.

Yn ystod y ganrif ddilynol, fe welodd rhai o'r Piwritaniaid Cymreig, pobl fel Morgan Llwyd a Vavasor Powell, ddienyddio Brenin Siarl I yn 1649 fel cychwyn ymgyrch a fyddai'n arwain at ddymchwel breniniaethau dros y byd tra gwelai eraill gyfle i Gymru fod yn llwyfan i ymarfer iwtopia ddiwinyddol er lles Teyrnas Dduw.[22] Yn dilyn cwymp Siarl, neu fel y cyfeiriwyd ato gan rai y 'corn bychan' neu 'Brenin y Gogledd', credasant y byddai'r Bumed Fonarchiaeth, Monarchiaeth Crist, yn cael ei sefydlu'n fuan.[23] Nododd Geoffery Nuttall: '...the execution of Charles I came like a thunderclap announcing that the new age was about to begin.'[24] Un o ganlyniadau'r datblygiadau yma oedd gweld pasio Deddf Lledaenu'r Efengyl yn 1650, deddf, fel y noda Thomas Richards, a wnaeth Cymru'n '[a] venue of a great theocratic experiment as a preparation for the rule of the Saints.'[25] Yn dilyn pasio'r Ddeddf penodwyd cymeradwywyr oedd

---

21 R. Tudur Jones: *The Great Reformation* (Leicester: Inter-Varsity Press, 1985), 177

22 B.S. Capp: *The Fifth Monarchy Men – A Study in Seventeenth Centrury English Millenarianism* (Llundain: Faber & Faber, 1972), 53; R. Tudur Jones: *Vavasor Powell* (Abertawe: Gwasg John Penry, 1971), 44

23 Thomas Richards: *The Puritan Movement in Wales, 1639-1653* (Llundain: The National Eisteddfod Association, 1920), 183

24 Geoffrey F. Nuttall: *The Welsh Saints: 1640-1660 – Walter Cradock, Vavasor Powell, Morgan Llwyd* (Caerdydd: Gwasg Prifysgol Cymru, 1957), 46

25 Thomas Richards: *The Puritan Movement in Wales, 1639-1653* (Llundain: The National Eisteddfod Association, 1920), 184

â chyfrifoldeb dros benodi pregethwyr ac ysgolfeistri er mwyn hyrwyddo pregethu'r efengyl. Nid oedd sôn am unrhyw athrawiaeth, gredo na ffurf llywodraeth eglwysig yn y Ddeddf, ond yn hytrach y bwriad oedd noddi pregethu cyhoeddus.[26] Yr hyn sy'n arwyddocaol yw bod y ddeddf hon yn nodi'n benodol y siroedd Cymreig – 'Montgomery, Denbigh, Flint, Carnarvon, Merioneth, Anglesey, Monmouth, Glamorgan, Pembroke, Carmarthen, Cardigan, Brecknock and Radnor'[27] – ac felly'n cydnabod Cymru fel uned ar wahân oedd â hawl i weithredu ei pholisïau crefyddol ei hun – math o awtonomi yn y cylch crefyddol.[28]

Erbyn y ddeunawfed ganrif gwelai rhai o'r Tadau Methodistaidd fod parodrwydd, neu ddiffyg parodrwydd, y Cymry i gynnal eu bywyd yn Gymraeg yn hytrach na throi i'r Saesneg yn deillio o gwestiwn ffydd. Dywedodd Howel Harris yn ei ddyddiadur yn dilyn ymweliad â sir Benfro: 'Yr oeddwn i'n daer iawn dros i'r Cymry beidio â llyncu balchder y Sais a'i iaith, gan anghofio eu hiaith eu hunain. Fe ddywedais wrthynt fod Duw'n Gymro, ac yn gallu siarad Cymraeg, a'i fod wedi dweud wrth lawer yn Gymraeg, 'Maddeuwyd i ti dy bechodau'.'[29] Pwyslais Harris yma yn ôl R. Geraint Gruffydd, yw'r alwad Gristnogol i'r Cymry ymwrthod â balchder ac i beidio â cheisio bod yn rhywbeth gwahanol i'r hyn y crëwyd hwy i fod. Dehongliad tebyg a gynigai Tudur Jones am agwedd un arall o'r Tadau Methodistaidd, Gruffydd Jones, Llanddowror, tuag at gwestiwn iaith a chenedligrwydd:

> ...y mae i'w [Gruffydd Jones] genedlaetholdeb seiliau Beiblaidd sydd yn rhoi cadernid a bywiogrwydd i'w waith a'i ysgrifennu. Daw hyn i'r golwg yn ei syniadau am Ragluniaeth. Nid yw'r gair Rhagluniaeth eto wedi colli ei ystyr ddynamig, greadigol. Iddo ef, cabledd fyddai cyhoeddi fod popeth sydd, yn

---

26 R. Tudur Jones: *Hanes Annibynwyr Cymru* (Abertawe: Gwasg John Penry, 1966), 52

27 *An Act for the better Propagation and Preaching of the Gospel in Wales, and redress of some Grievances*, 22 Chwefror 1650 (http://www.british-history.ac.uk/report.aspx?compid=56383 Estynnwyd ar 14 Ebrill, 2011)

28 Gwyn Davies: *Golau Gwlad: Cristnogaeth yng Nghymru 200-2000* (Pen-y-bont ar Ogwr: Gwasg Bryntirion, 2002), 62-63

29 Dyfynnwyd yn R. Geraint Gruffydd: 'Ein hiaith a'n diwylliant' yn *Y Ffordd Gadarn – Ysgrifau ar Lên a Chrefydd gan R. Geraint Gruffydd*, E. Wyn James gol. (Pen-y-bont a'r Ogwr: Gwasg Bryntirion, 2008), 97

> iawn. Ffolineb heb seiliau yn y Beibl fyddai cyhoeddi na ellir gwneud dim yn wyneb yr amgylchiadau ac mai'r unig beth sy'n aros inni yw eistedd i lawr a'n dwylo ymhleth a sibrwd 'Fel hyn mae hi orau!' Nid sêl ar batrwm statig yw Rhagluniaeth i Gruffydd Jones. Ac nid dyna oedd i John Calfin na John Penry na Walter Cradoc na Vavasor Powell. Rhagluniaeth yw'r hyn y mae Duw'n ei ewyllysio. Fel y mae'n digwydd, mae dynion yn eu balchder yn ceisio gwneud pethau sy'n groes i ewyllys Duw. Beth yw dyletswydd milwyr Duw mewn cyfwng felly? Mae'r ateb yn syml ac yn glir – ymladd. Peth creadigol yw Rhagluniaeth. Galwad i frwydr yn erbyn Philistia.[30]

Dehonglai Tudur Jones lif meddwl Gruffydd Jones fel pe bai'n dweud fod 'diwreiddio'r Gymraeg a gorseddu Saesneg yn enw rhyw gyd-wladoldeb bas' gyfystyr ag 'ail-adrodd trosedd gwŷr Babel.' Oherwydd bod y diwylliant Cymraeg yn un a ddylanwadodd Cristnogaeth yn drwm arno, a'r iaith Gymraeg yn iaith yr arferid y ffydd Gristnogol drwyddi, ym meddwl y Tadau Methodistaidd dechreuwyd gweld yr arfer o weld safiad ffydd a'r frwydr dros ddiwylliant y genedl fel deubeth oedd yn mynd law yn llaw'n naturiol. Erbyn ail hanner y bedwaredd ganrif ar bymtheg, a hynny wrth gymryd golwg ar bregethu Cymraeg yn ei gofiant i John Jones, Talsarn, mynnai Owen Thomas fod natur pregethu'r Cymry yn nodwedd a oedd yn dangos eu arwahanrwydd fel cenedl. Meddai:

> Er yr amrywiaeth diddiwedd o ran doniau a geir mewn cysylltiad â'r weinidogaeth efengylaidd ym mhlith gwahanol genhedloedd, eto y mae yn sicr fod rhyw nodweddion neilltuol ar bregethu pob cenedl, ag sydd, ar y cwbl, yn ei wahaniaethu, yn dra phendant, oddi wrth bregethu pob cenedl arall ... Yr ydym yn tybied y buasai cymhariaeth felly, yn ein galluogi i ddangos, nid yn unig fod nodweddion neilltuol, ond fod rhagoriaethau neilltuol ac arbennig yn perthyn i bregethu Cymru, sydd yn rhoddi cyfrif, o leiaf fel moddion, am y safle uwch sydd i'r pulpud yn ein gwlad, a'r dylanwad cryfach sydd ganddo ar feddwl ein cenedl, nag a gafodd, hyd ag yr ydym ni yn deall, mewn unrhyw wlad arall, am gyhyd o amser, yn holl hanes yr Eglwys Gristnogol.[31]

---

30 R. Tudur Jones: 'Cenedlaetholdeb Cristion' yn *Y Cylchgrawn Efengylaidd*, Cyfrol 9, Rhifyn 4 (1968), 96

31 Owen Thomas: *Cofiant y Parchedig John Jones, Talsarn* (Wrecsam: Hughes a'i feibion, 1874), 968

Erbyn ail hanner y bedwaredd ganrif ar bymtheg, daeth rhai arweinwyr anghydffurfiol i weld y frwydr i gadw'r iaith Gymraeg fel brwydr i gadw'r ffydd yn ogystal. Gwelwyd y Gymraeg fel caer i'r gwirionedd Cristnogol gan bobl fel Gwilym Hiraethog a fynnai na 'fyddai dim yn fwy dymunol ganddo ef, Satan, na'ch cael chwi, dynion y tŷ yn cysgu ... a chyda golwg ar Gymru, carai yn ddiau weled ein hen iaith yn syrthio i drancedigaeth buan, yn y gobaith y syrthiai ei chrefydd Efengylaidd i drancedigaeth gyda hi; fel y bu, i fesur helaeth yn y rhannau hynny o'n gwlad y digwyddodd felly iddynt.'[32] Bu'r datblygiadau hyn yn gyfrwng i osod sylfaeni'r berthynas honno rhwng crefydd a diwylliant Cymraeg yr ugeinfed ganrif, cyfnod Tudur Jones.

32 Adroddiad Cyfarfodydd Undeb yr Annibynwyr, Caerfyrddin 1872, 16. Dyfynnwyd yn R. Tudur Jones: 'Yr Eglwysi a'r Iaith yn Oes Victoria' yn *Llên Cymru*, Cyfrol 19 (1996), 165

Pennod 2

Politics a'r pulpud

Yn ei *Lectures on Calvinism* nododd Abraham Kuyper fod sofraniaeth Duw yn ben '...over the whole Cosmos, in all its spheres and kingdoms, visible and invisible'.[1] A yw'n dilyn felly fod Duw yn sofran dros batrymau diwylliannol dyn? Yn y bennod hon ystyrir ble yn union y medrir gosod R. Tudur Jones yn y traddodiad diwinyddol a sut y mae'r ddiwinyddiaeth honno'n dylanwadu ac arwain yn naturiol at ei gyfundrefn o syniadaeth wleidyddol.

Cyfeiria'r Beibl at y gwirionedd fod Duw wedi creu pobl i'w ogoniant (Eseia 43:7) ac 'i ddwyn clod i'w ogoniant ef' (Effesiaid 1:12). Mae'n dilyn felly mai cyfrifoldeb dyn yw gwneud 'popeth er gogoniant Duw' (1 Corinthiaid 10:31). Yn wyneb hyn cyfyd y cwestiwn: beth yw pwrpas bywyd? Ers cyhoeddi Catecism Byr Westminster yn 1647 mynnai'r traddodiad diwygiedig mai 'prif ddiben dyn yw moliannu Duw a'i fwynhau byth ac yn dragywydd'[2]. Y mae'n gysyniad syml hyd nes i ddyn holi 'sut y mae gogoneddu Duw?' Yn benodol, sut y mae gogoneddu Duw mewn byd syrthiedig? Gwêl rhai yn y traddodiad diwygiedig yng Nghymru fel Bobi Jones a Tudur Jones, fel y deuir i drafod yn y man, mai un o bwrpasau Duw ar gyfer dyn oedd ei greu i fod yn greadur sy'n llunio diwylliant – a bod y bwriad neu'r pwrpas hwn yn rhan ganolog o gynllun Duw i ddyn o'r dechrau.

Wrth greu diwylliant roedd modd i ddyn ogoneddu Duw a thrwy anwybyddu'r cyfrifoldeb hwnnw neu hyd yn oed drwy ddinistrio

1 Abraham Kuyper: *Lectures on Calvinism* (Michigan: WM. B. Eerdmans Publishing Company, 1953), 79

2 *Catecism Byr Westminster*

diwylliant, gellid ei gyhuddo o anufudd-dod gerbron Duw. Er gwaetha'r cwymp a phechadurusrwydd canlyniadol y greadigaeth gyfan, aros a wnaeth y bwriad gwreiddiol hwn o eiddo Duw. Y mae'n gywir nodi bod rhaid i ddyn, mewn byd sydd wedi'i lygru'n llwyr gan bechod, bwyso a dibynnu ar gynllun adferol Duw drwy'r Mab, er mwyn ei ddwyn yn ôl i gytgord â'r bwriadau gwreiddiol ar ei gyfer, sef bod yn ffrwythlon ac amlhau, i lenwi'r ddaear a'i darostwng hi (Genesis 1:28). Bobi Jones, dan ddylanwad Calfinwyr yr Is-Almaen, a gyflwynodd yr arfer o gyfeirio at y gorchymyn hwn fel y 'Gorchymyn Diwylliannol' mewn trafodaeth ddiweddar yng Nghymru[3]: dyma'r gorchymyn a roddodd Duw i Adda (Genesis 1:28 a 2:15), ac yna i Noa (Genesis 9:1-3 a 9:7).[4]

Dylanwad Calfinwyr yr Iseldiroedd

Yn ei ragymadrodd i'w gyfrol *The Calvinistic Concept of Culture*, cyfrol oedd ar faes llafur cwrs Tudur Jones ar 'Athroniaeth Deddf y Cread' yng Ngholeg Bala-Bangor[5], dywed Henry R. Van Til mai dyn, yn ei hanfod, yw delw Duw. Dadleuodd fod hyn yn gosod dyletswydd ar ddyn nid yn unig i greu a chynnal diwylliant ond hefyd i arglwyddiaethu drosto, i ddarostwng y greadigaeth ac i'w reoli.[6] Nid ceisio dwyfoli dyn a wneir yma ond yn hytrach nodi'n syml bod dyn wedi'i greu ar lun a delw Duw Ei hun (Genesis 1:26). Ac er bod dyn yn greadur pechadurus, y mae cynllun adferol Duw a oedd a'i huchafbwynt wedi'i ganoli ar Groes Calfaria, yn golygu bod grym pechod, er nad yw wedi'i ddileu'n llwyr, wedi'i dorri a'i gyfyngu i'r fath raddau bod modd i ddyn ddychwelyd at ei briod swyddogaeth, sef bod yn greadur diwylliannol.

Y mae gan draddodiad Henry R. Van Til ddiffiniad tra eang i'r termau

3 Ond mae Bobi Jones yn dadlau fod gan Thomas Charles athrawiaeth debyg am Orchymyn Diwylliannol, gweler Bobi Jones: *Crist a Chenedlaetholdeb* (Pen-y-bont ar Ogwr: Gwasg Efengylaidd Cymru, 1994), 125

4 R.M. Jones: *Llên Cymru a Chrefydd* (Abertawe: Christopher Davies, 1977), 67

5 R. Tudur Jones: *Athroniaeth Deddf y Cread*, nodiadau dosbarth Coleg Bala-Bangor, meddiant personol.

6 Henry R. Van Til: *The Calvinistic Concept of Culture* (Grand Rapids, Michigan: Baker Academic, 2001), xvii

'diwylliant' a 'diwylliannol'. 'Culture is often conceived of too narrowly,' mynnai Van Til o ganlyniad '[that the] definition lacks both scope and insight, breadth and depth.'[7] Yn gyffredinol, mae'r drafodaeth gyfoes am ddiwylliant yn cynnwys elfennau fel iaith, llên, celf a cherddoriaeth. Ond mynai Van Til fynd yn ôl at ystyr cyntefig neu wreiddiol y term a dywed fod 'culture' yn tarddu o'r gair Lladin 'colere' sy'n golygu 'the tilling or cultivating of the ground.'[8] Yr hyn y mae Van Til yn ei bwysleisio yw bod diwylliant yn ymwneud â dyn yn ei gyfanrwydd, y mae'n ymwneud â holl gyfrifoldeb dyn gerbron Duw yn y byd hwn. 'I use the term', meddai, 'to designate that activity of man, the image-bearer of God, by which he fulfills the creation mandate to cultivate the earth, to have dominion over it and to subdue it.'[9] Felly, wrth sôn am weithgaredd diwylliannol dyn, cyfeirio y mae Van Til at holl weithgaredd dyn ar y ddaear, gan gynnwys gwleidyddiaeth ac economeg. Serch hynny, ac yn arwyddocaol iawn, y mae'n eithrio crefydd. Meddai:

> The reason religion cannot be subsumed under culture is the fact that whereas man as a religious being transcends all his activities under the sun, culture is but one aspect of the sum total of these activities and their results in forming history. Although a given culture does form the individual man, nevertheless man as cultural being precedes his culture and is the creator of culture. But religious faith is necessary to understand human destiny. And man in his faith is covenantally related to a Being that is transcendent, and, because of this covenantal relationship, which constitutes true religion, man has an eternal destiny, which transcends culture. The meaning of life does not lie in culture as such, but culture derives its meaning from man's faith in God; it is never an end in itself, but always a means of expressing one's religious faith.[10]

Mae'r dyfyniad hwn o waith Van Til yn arwyddocaol oherwydd ei fod yn cynnig diffiniad defnyddiol o'r hyn *nad yw* diwylliant. Noda'n

7 Henry R. Van Til: *The Calvinistic Concept of Culture* (Grand Rapids, Michigan: Baker Academic, 2001), 25

8 Ibid., 29

9 Ibid., xvii

10 Ibid., 28

glir mai cynnyrch dyn yw diwylliant, ac er iddo gael ei gynhyrchu yng ngoleuni ffydd pobl yn Nuw, cynnyrch dyn ydyw o hyd. Felly, nid Duw, yn uniongyrchol, sy'n creu diwylliant ac nid gweithgaredd uniongyrchol grefyddol mohono chwaith. Ffrwyth gweithgaredd dyn ydyw a wneir yng ngolwg Duw a dan ei sofraniaeth Ef. Mae'r ddealltwriaeth hon yn amlwg yn syniadaeth Tudur Jones, fel y gwelwn yn nes ymlaen.

Er mai ysgolhaig annibynnol ei farn oedd Tudur Jones ac nad oedd byth, yn ôl D. Densil Morgan, 'yn slafaidd ddyledus'[11] i draddodiad Kuyper a Van Til, ymddengys fod Tudur Jones wedi'i ymdrwytho'n dra manwl yn y traddodiad hwnnw. Fel yr awgrymwyd eisoes, y ffigwr sydd wedi hyrwyddo syniadaeth Calfinwyr yr Is-Almaen yn anad neb arall yng Nghymru yw R. M. (Bobi) Jones. Ef a fu'n gyfrifol hefyd am bortreadu Tudur Jones fel petai'n perthyn i'r ysgol honno. Dadleuodd Bobi Jones mai Tudur Jones, yn yr ugeinfed ganrif, 'oedd y ffigur mwyaf meddylgar a sgrifennai am Gristnogaeth yn yr iaith Gymraeg.' Ymhellach, mynnodd Bobi Jones y dylid ystyried Tudur Jones yn olynydd anrhydeddus traddodiad Morgan Llwyd, Pantycelyn, Thomas Charles a Thomas Jones.[12] Yn dra chyfriniol â Bobi Jones ymlaen i esbonio fod gan Tudur Jones 'fywyd meddyliol cudd – fel y rhan fwyaf ohonom.' Esbonia na ddeuai ffynhonnell y 'bywyd meddyliol cudd' hwn i'r golwg ond ambell waith. Adroddai Bobi Jones ymhellach:

> ... ar ôl iddo raddio a dechrau'i ymchwil yng Ngholeg Mansfield a Choleg S. Catrin, Rhydychen, bu'n astudio ar y cyfandir ym Mhrifysgol Strasbourg. Yn ôl a ddywedodd wrthyf, cafodd deithio drwy'r Iseldiroedd ac ymweld â Phryfysgol Rydd Amsterdam. Dyma'r Brifysgol a sefydlwyd gan Abraham Kuyper, diwinydd Calfinaidd mwyaf Ewrob yn y bedwaredd ganrif ar bymtheg. Gweddnewidiwyd syniadaeth Tudur o'r bôn i'r brig gan yr ymweliad hwnnw.[13]

Fodd bynnag, ni ellir derbyn, yn anfeirniadol o leiaf, fesur dylanwad

11 D. Densil Morgan: *Cedyrn Canrif – Crefydd a Chymdeithas yng Nghymru'r Ugeinfed Ganrif* (Caerdydd: Gwasg Prifysgol Cymru, 2001), 242

12 R.M. Jones: *Mawl a Gelynion ei Elynion* (Llandybie: Barddas, 2002), 389

13 Ibid.

Calfinwyr yr Is-Almaen ar Tudur Jones gan fod Bobi Jones yn amlwg yn ceisio argyhoeddi ei ddarllenwyr fod ysgol Gymreig yn bodoli a bod Tudur Jones yn perthyn iddi. Un ysgrif yn unig a gyhoeddwyd gan Tudur Jones yn adrodd syniadaeth Calfinwyr yr Is-Almaen sef yr ysgrif ar Abraham Kuyper a gyhoeddwyd yn 1988 pan oedd ym mlynyddoedd olaf ei yrfa.[14] Fodd bynnag, ymddengys fod Tudur Jones wedi ymgyfarwyddo a chyfrolau Herman Dooyweerd, *A New Critique of Theoretical Thought*, wrth baratoi *The Desire of Nations* yn 1974.[15] Pwysodd hefyd ar waith Kuyper ar yr Ysbryd Glân wrth baratoi ei gyfrol, *Yr Ysbryd Glân*, gan gymeradwyo cyfrol Kuyper ar yr un pwnc i'w ddarllenwyr.[16] Gellir awgrymu hefyd y darllenai Tudur Jones weithiau'r Iseldirwyr gydag 'awch anarferol'[17] fel y tystia'r ohebiaeth isod gyda Dewi Arwel Hughes, a fu'n fyfyriwr iddo ym Mangor:

> Dwi'n ei gofio yn darllen llyfr aelod Saesneg o'r ysgol gydag awch anarferol. Rhoddodd fy nghyfaill, Gwyndaf Jones, gopi o'r llyfr i'w fenthyg iddo ar ddydd Llun neu ddydd Mawrth ac erbyn dydd Iau roedd wedi ei ddarllen ac yn trafod ei gynnwys gyda brwdfrydedd – ac roedd yn llyfr dros 600 tudalen! Y llyfr oedd E.L. Hebden Taylor, *The Christian Philosophy of Law, Politics and the State*.[18]

Ac eithrio un darn o ohebiaeth bersonol a rhyfedd ym mhapurau Tudur Jones gan Cornelius Van Til yn cynnig copïau o'i gyfrolau 'free of charge',[19] nid oes tystiolaeth pellach i'w weld sy'n awgrymu diddordeb preifat dyfnach yn nhraddodiad Amsterdam na'r hyn sydd eisoes yn wybodus. Gellid dadlau felly bod Bobi Jones wedi gor-bwysleisio maint dylanwad Calfinwyr Amsterdam ar Tudur Jones yn ei amcan i geisio profi rhyw ymlyniad Cymreig iddynt. Ond eto, fel y deuir yn amlwg

14 R. Tudur Jones: 'Abraham Kyper' yn *Ysgrifau Diwinyddol 2*, Noel A. Gibbard gol., (Pen-y-bont a'r Ogwr: Gwasg Efengylaidd Cymru, 1988)

15 R. Tudur Jones: *The Desire of Nations* (Llandybie: Christopher Davies, 1974), 5

16 R. Tudur Jones: *Yr Ysbryd Glân* (Caernarfon: Llyfrfa'r Methodistiaid Calfinaidd, 1972), 12

17 Dewi Arwel Hughes at Rhys Llwyd, 28 Hydref 2005

18 Ibid.

19 Cornelius Van Til, Philadelphia at R. Tudur Jones 18 Tachwedd 1968, Ffeil 59, Casgliad R. Tudur Jones, Archifdy Bangor.

wrth gyflwyno syniadaeth Tudur Jones ni ellid peidio â gweld sut fo Tudur Jones wedi tynnu peth ysbrydoliaeth o leiaf oddi wrthynt. Gellid cytuno â D. Densil Morgan felly pan ddywedodd fod ymgyfarwyddo a thraddodiad Amesterdam wedi 'cadarnhau'r weledigaeth a oedd ganddo eisoes a'i helpu i gyfundrefnu'i feddwl...'[20]

Apologia R. Tudur Jones i Gristnogion ymhél a gwleidyddiaeth

Ar 1 Gorffennaf 1950, cynhaliwyd Cynhadledd Genedlaethol yn Llandrindod i drafod cwestiwn hunanlywodraeth i Gymru. Daeth cynrychiolaeth eang o bob agwedd ar fywyd y genedl. Yn dilyn yr areithio cyflwynodd y Fonesig Megan Lloyd George gynnig gerbron y cynrychiolwyr i gychwyn deiseb yn galw am Senedd hunanlywodraethol i Gymru ac fe gefnogwyd y cynnig yn unfrydol. Yn yr adroddiad yn Y Tyst dywedodd y colofnydd fod hwn yn 'gam pwysig ymlaen' a bod cyfle yn awr i 'bawb ohonom gyfrannu yn ôl ei allu a'i fedr at yr ymgyrch bwysig hon.'[21] Awdur yr adroddiad hwn yn *Y Tyst* oedd Tudur Jones ac y mae'n awgrymu ei fod am weld yr Eglwys yn chwarae rhan amlwg iawn yn y frwydr i sefydlu Senedd i Gymru. Yr un flwyddyn roedd yr Annibynwyr wedi cymeradwyo a chefnogi'r alwad am hunanlywodraeth i Gymru.

Ond nid pob crefyddwr yng Nghymru a gytunai â safbwynt y rhai a welai gyswllt rhwng gwleidydda a chrefydda. Un o'r traddodiadau Cristnogol hynny y gellid cyferbynnu Tudur Jones ag ef oedd y duedd boblogaidd ymysg rhai carfannau Protestannaidd i bledio pietistiaeth – Cristnogaeth cwbwl arallfydol oedd yn amheus o ymwneud Cristnogion a "phethau'r byd" fel diwylliant a gwleidyddiaeth. I Tudur Jones roedd y syniadau hyn o ysgaru'r Cristion oddi wrth ddiwylliant yn gwbl wrthun. 'Gwelwyd dynion yn caethiwo Duw yn eu byd "crefyddol",' meddai,

---

20 D. Densil Morgan: *Cedyrn Canrif – Crefydd a Chymdeithas yng Nghymru'r Ugeinfed Ganrif* (Caerdydd: Gwasg Prifysgol Cymru, 2001), 242

21 R. Tudur Jones: 'Cynhadledd Genedlaethol Llandrindod' yn *Y Tyst* (Gorffennaf 13, 1950.)

'mynnent ffoi i dawelwch y darn hwnnw o'u bywyd a oedd yn ymwneud ag eglwys neu gapel, a mynachlog a chwfaint, a phregeth a sacrament, gan adael y byd drwg seciwlar i fynd i'w ateb.'[22] Yn ôl Tudur Jones, nid oedd modd gwahanu bywyd defosiynol personol dyn oddi wrth ei fywyd diwylliannol a chymdeithasol oherwydd iddo ef yr oedd holl fywyd dyn, gan gynnwys ei ymwneud diwylliannol a chymdeithasol, yn ymwneud â'i grefyddolder.[23] Yn ei bapur *Christian Nationalism* a draddododd yng Nghaerdydd yn 1979 y mae'n dweud ymhellach: 'all cultural work has a deep religious significance. It has to do with their obedience to God.'[24] I Tudur Jones nid rhywbeth ar wahân i'r Efengyl oedd gweithgaredd diwylliannol dyn ond yn hytrach y mae'n tarddu o gyflawnder yr Efengyl ei hun:

> Dro ar ôl tro clywir Cristnogion yng Nghymru'n protestio â lleisiau uchel y dylai'r eglwysi eu cyfyngu eu hunain i bethau mewnol y cwlt crefyddol – i drefniadau enwadol, i weinyddu eiddo'r eglwysi, i bregethu'r Efengyl "bur" ac yn y blaen. Nid yw'r protestwyr braidd fyth yn sylweddoli mai ffurf ar atheistiaeth yw eu protest. Cyhoeddant nad oes a wnelo'r Efengyl â chyfanrwydd bywyd a charcharant Dduw yn niogelwch eu trefniadaeth eglwysig. A beth bynnag arall y gellir ei ddweud am Gristnogaeth, ni ellir dweud mai ei hamcan yw trin Duw fel hyn.[25]

Noda Tudur Jones fod yr Arglwydd Iesu trwy ei farw, ei atgyfodiad a'i esgyniad wedi'i ddyrchafu i wisgo'r 'enw sydd goruwch pob enw' (Philipiaid 2:9), a'i fod wedi'i 'goroni â gogoniant ac anrhydedd' (Hebreaid 2:7). Yn ôl y ddealltwriaeth yma, y mae Iesu yn Arglwydd ar holl fywyd dyn, gan gynnwys ei brysurdeb diwylliannol. Noda Tudur Jones hefyd fod Crist trwy ei atgyfodiad wedi agor y drysau'r byd hwn i "nerthoedd y byd a ddaw". 'Mae chwyldro Duw ar droed,' meddai gan ychwanegu, 'rhoddir dimensiwn newydd a gwefreiddiol i holl weithgarwch dyn.

22 R. Tudur Jones: 'Crist: Gobaith Cenedl' yn *Gwinllan a Roddwyd*, Dewi Eurig Davies gol. (Llandybie: Christopher Davies, 1972), 99

23 Ibid., 96

24 R. Tudur Jones: 'Christian Nationalism' yn *This Land and People*, Ballard & Jones gol. (Caerdydd, 1979)

25 R. Tudur Jones: 'Crist: Gobaith Cenedl' yn *Gwinllan a Roddwyd*, Dewi Eurig Davies gol. (Llandybie: Christopher Davies, 1972), 98

Wrth greu diwylliant y mae dyn eisoes yn llafurio mewn byd lle mae "grym ei atgyfodiad Ef" yn gwarantu gweithio'n eofn a gobeithiol "megis i'r Arglwydd".[26]

Rhywbeth wedi'i greu gan ddyn yw diwylliant yn ôl Tudur Jones a hynny mewn ufudd-dod i orchymyn pendant Duw iddo fod yn greadur diwylliannol. Yn 1979 datganodd Tudur Jones yn eglur mai dyn yn hytrach na Duw a greodd genhedloedd: 'God did not create nations,' meddai, 'God created man and man formed nations.'[27] Hynny yw, yn ei fenter a'i weithgaredd diwylliannol creodd dyn genhedloedd. Ond oni ddylai'r Calfinydd dybio mai'r Duw Sofran sy'n creu ac ordeinio'r cenhedloedd oherwydd pwyslais y traddodiad hwnnw ar ragluniaeth ac arfaeth Duw? Dadleua Tudur Jones er mai dyn a greodd genhedloedd drwy ei ddyfeisgarwch diwylliannol, tarddiad y dyfeisgarwch yna yw Duw. Y mae yma berthynas ddeinamig rhwng Duw a dyn wrth greu cenhedloedd:

> Man has work to do as a responsible being. And yet, in his covenant, God commits himself to man. In this sense, a Christian nation is both the work of man and the work of God. Nations did not appear at the time of creation - they have emerged during the course of history. But still, like all other communities, they cannot defy the orderly structures of God's creation. They too are subject to God's beneficent law. In that sense, nations have a relationship of a fundamental kind with God's work as creator. Is it a simplification to talk as though nations were created by God quite apart from human effort.[28]

Ni allai Tudur Jones dderbyn y ddysgeidiaeth mai Duw ordeiniodd ac a greodd genhedloedd, ac y mae'r dyfyniad uchod yn dangos hynny'n glir. Mynnai Tudur Jones bwysleisio rôl dyn yn ogystal â Duw wrth greu cenhedloedd, ac mae hyn yn codi rhai cwestiynau. Oni ellir dadlau bod cyflwr pechadurus dyn yn ei lygredigaeth yn ei anghymwyso i ymgymryd

26 Ibid., 100

27 R. Tudur Jones: 'Christian Nationalism' yn *This Land and People*, Ballard & Jones gol. (Caerdydd, 1979), 76

28 Ibid., 85

â'r dasg hon? Mae'n debyg fod cyfeiriadaeth Tudur Jones uchod at 'gyfamod Duw' a'i 'gyfraith haelionus' yn allwedd i ddeall ei resymeg. Er bod dyn yn bechadur a bod ei fyd yn un syrthiedig, y mae'r dehongliad uchod yn dangos fod Tudur Jones yn gweld fod Duw yn parhau i fod yn Benarglwydd dros ei greadigaeth a thros ddyn. Ni adawodd Duw ddyn yn ei bechod a lluniodd gyfamod gras. Deellir hynny yn gyntaf fel cyfamod sy'n achub enaid dyn o'i bechod i gadwedigaeth, ond gellid dadlau fod Tudur Jones yn gweld goblygiadau ehangach yn y cyfamod i ddyn ac i'r greadigaeth. Golyga'r cyfamod fod Duw bellach yn adfer ei greadigaeth ac yn rhyddhau dyn, i raddau, i ddychwelyd i'w briod waith sef creu diwylliant. Un o ganlyniadau'r berthynas ddwyffordd hon rhwng Duw a dyn, yn ôl dealltwriaeth Tudur Jones, oedd datblygiad cenhedloedd.

Wrth i rai ddadlau fod y genedl yn un o 'ordinhadau'r greadigaeth' gofidiai Tudur Jones y gallai hynny gymylu'r gwahaniaeth rhwng hanes yr achub a hanes cenedl. 'To make nationhood one of the ordinances of creation,' meddai, 'is to run the very serious risk of elevating nations history into salvation history.' Y mae'n ddidostur ar y mater, gan orffen gyda'r sylw miniog: 'That is not Christianity. It is paganism.'[29] Serch hynny, y mae'n gydymdeimladol ac yn deall sut y gallai unigolion sy'n perthyn i genhedloedd, fel cenedl y Cymry, sydd â'r Beibl wedi dylanwadu mor drylwyr arni yn y gorffennol, lithro i'r casgliad fod y genedl yn greadigaeth uniongyrchol Dduw:

> The Bible has much to say about nations and their fate and, above all, it has much to say about Israel as God's elect people. And it is quite obvious that Christian people in many lands have understood the histories of their own nations on the analogy of the history of Israel. It is a small step from this conviction to the assertion that nationality is to be understood as one of the ordinances of creation, a radical form of community created by God.[30]

Mynnodd hefyd beidio dyrchafu dim byd, gan gynnwys y genedl felly, i'r un safle neu lefel â Duw. Roedd popeth i'w ddeall fel pe bai'n ddarostyngedig i Arglwyddiaeth Duw. Roedd sôn am genhedloedd fel

29 Ibid., 86

30 Ibid., 85

pethau wedi eu hordeinio'n ddwyfol yn bygwth y gwahaniaeth sylfaenol rhwng Duw ar y naill law, a phopeth arall creedig oedd yn ddarostyngedig i Dduw ar y llall.

Ymateb R. Tudur Jones a'r Annibynwyr i argyfwng Cymru

Ar ôl yr Ail Ryfel Byd cynyddodd yr ymdeimlad fod hunaniaeth Cymru mewn perygl. Er i amodau cymdeithasol trigolion Cymru wella, a hynny yn rhannol oherwydd polisïau radicalaidd gwleidyddion fel Aneurin Bevan, noda Densil Morgan '...there was a feeling that the quality of modern life was declining despite all material gains'.[31] Yn ôl dehongliad Tudur Jones o'r cyfnod gwelwyd gwelliannau cymdeithasol, rhai yr oedd pobl Cymru yn dyheu amdanynt, ond roedd y Llywodraeth yn ddifater am yr argyfwng oedd yn wynebu hunaniaeth a threftadaeth y Cymry. 'Erbyn tua 1950,' meddai, 'yr oedd teimlad ar gynnydd fod yn rhaid i'r Cymry ymorol am eu treftadaeth genedlaethol onid oeddynt am ei cholli.' I'r Annibynwyr Cymraeg, sef enwad Tudur Jones, 'ffrwydrodd yr argyhoeddiad hwn i'r wyneb'[32] yn Undeb Ystradgynlais (1950). Adroddir yr hanes ar dudalennau'r *Tyst* ym mis Mehefin 1950; yn rhifyn Mehefin 15 ceir yr adroddiad dramatig hwn:

> Y mae minteioedd Pabyddiaeth, Philistiaeth, materoliaeth, totalitariaeth ar gerdded beiddgar a rhyfygus. Ond ymhlith y tywysogaethau llywodraeth yr awyr y mae angylion o ddelfrydau ar waith. Disgwylia'r wlad i'r enwad gyhoeddi'n ddiamodol ei fod o blaid yr angylion.[33]

Mae'r dyfyniad uchod yn dangos ar y naill law sut yr oedd Cristnogion Cymru ar y pryd yn gweld yr ymryson rhwng cyfundrefnau, tueddiadau a symudiadau gwleidyddol eu dydd o bersbectif brwydrau 'ysbrydol' yn ôl

31 D. Densil Morgan: *The Span of the Cross: Christian Religion and Society in Wales, 1914-2000* (Caerdydd: Gwasg Prifysgol Cymru, 1999), 207

32 R. Tudur Jones: *Yr Undeb – Hanes Undeb yr Annibynwyr Cymraeg, 1872-1972* (Abertawe: Gwasg John Penry, 1975), 346-347

33 *Y Tyst*, Rhif 2112, Cyf. LXXVI, (Abertawe: Mehefin 15, 1950), 1

y rhethreg a ddefnyddir. Ond, ar y llaw arall, mae'n dangos hefyd perygl y duedd o weld gwleidyddiaeth a thueddiadau cymdeithasol y dydd fel rhan o frwydr ysbrydol. Canlyniad hyn oedd defnyddio gormodiaith a defnydd llac ac amhriodol o rethreg grefyddol ar adegau wrth drafod pynciau gwleidyddol. Yr wythnos ddilynol adroddwyd ymhellach am drafodaethau'r Undeb wrth i'r *Tyst* adrodd i'r Parch. R.G. Davies gynnig y dylai'r '...gynhadledd hon yn wyneb cyflwr difrifol yr iaith mewn llawer o'n heglwysi, a hefyd y bygwth cyson i'w ffyniant mewn ardaloedd hollol Gymreig, yn cyflwyno i sylw difrifol yr eglwysi y priodoldeb o ffurfio cangen o Urdd Siarad Cymraeg ym mhob Eglwys...'[34]

Nododd Tudur Jones ei bod hi'n naturiol i Annibynwyr yn nhraddodiad Michael D. Jones fod ymysg aelodau cyntaf y Blaid Genedlaethol newydd ar ôl ei sefydlu yn ystod Haf 1925 a rhoddodd Dyfnallt sylw cyson i ddechreuadau a datblygiadau'r Blaid ar dudalennau'r *Tyst*.[35] Roedd hybu diwylliant wedi bod yn rhan o agenda'r holl enwadau ers tro, serch hynny profodd gynnig y Parch. Owen Williams yn Undeb Ystradgynlais 1950 yn dra ymfflamychol. Nododd:

> Ein bod ni gynrychiolwyr Eglwysi Annibynwyr Cymru... yn datgan yn bendant ein hargyhoeddiad ein bod yn gweithredu yn unol ag ewyllys Duw trwy hawlio Hunanlywodraeth i Gymru yn ddi-oed.[36]

Mae'n bwysig nodi mae'r hyn oedd ar droed yn y fan yma oedd gweld yr Annibynwyr, neu gweld Cristnogion, yn troi at wleidyddiaeth wrth geisio ateb posib i'r argyfwng diwylliannol oedd yn wynebu Cymru. Er na adroddir hynny yn *Y Tyst*, ac er na ddylai hynny fod yn syndod i neb, y mae'n debyg mai Gwynfor Evans a fu'n rhannol gyfrifol am lunio'r cynnig.[37] Ond beth oedd rhan Tudur Jones yn Undeb Ystradgynlais 1950? Yn sicr, yr oedd yn bresennol yno[38] ond nid oes sôn amdano'n cymryd unrhyw ran amlwg yn y ddadl honno a arweiniodd at benderfyniad yr

34 *Y Tyst*, Rhif 2113, Cyf. LXXVI, (Abertawe: Mehefin 22, 1950), 4

35 R. Tudur Jones: *Hanes Annibynwyr Cymru* (Abertawe: Gwasg John Penry, 1966), 289

36 *Y Tyst*, Rhif 2113, Cyf. LXXVI, (Abertawe: Mehefin 22, 1950), 4

37 R. Tudur Jones: *Yr Undeb – Hanes Undeb yr Annibynwyr Cymraeg, 1872-1972* (Abertawe: Gwasg John Penry, 1975), 347

38 *Y Tyst*, Rhif 2114, Cyf. LXXVI, (Abertawe: Mehefin 29, 1950), 5

Undeb i gefnogi'r alwad am hunanlywodraeth i Gymru. Serch hynny, ato ef y trodd yr Annibynwyr erbyn 1952 (ac yntau bellach wedi dechrau ar ei waith yng Ngholeg Bala-Bangor) er mwyn tewi'r 'awel wynt'[39] o wrthwynebiad a ddatblygodd yn erbyn safiad yr Undeb dros Hunanlywodraeth i Gymru. Cyhoeddodd ei bamffled 'Yr Annibynwyr a Hunanlywodraeth i Gymru'[40]. Roedd cyhoeddi'r bamffled hon yn weithred arwyddocaol iawn yn natblygiad syniadaeth wleidyddol Tudur Jones yn union fel ag yr oedd cyhoeddi 'Egwyddorion Cenedlaetholdeb'[41] i ddatblygiad Saunders Lewis yn 1926. Bu'n arwyddocaol yn ei ddatblygiad syniadaethol oherwydd bod Tudur Jones ar y pryd yn gymharol ifanc ac yn mynegi ei argyhoeddiadau yn gwbl glir i'r sawl a fynnai wrando.

39 Y *Tyst*, Mehefin 22 1950, 4

40 R. Tudur Jones: *Yr Annibynwyr a Hunanlywodraeth i Gymru* (Morriston: Jones and Son, Crown Printing Works, 1952)

41 Saunders Lewis: *Egwyddorion Cenedlaetholdeb* (Plaid Genedlaethol Cymru, 1926)

Pennod 3

Y Genedl dan warchae

Syniadaeth am Rychwant Brenhiniaeth Crist

I Tudur Jones nid barn a ddatblygodd o ryw chwiw ddynol na gwleidyddol a esgorodd ar benderfyniad yr Annibynwyr erbyn 1950 i alw am hunanlywodraeth, ond yn hytrach barn grefyddol, Gristnogol a fynegwyd. Nododd i ddatganiad yr Annibynwyr 'ragdybio bod a wnelo Crist â'r byd gwleidyddol ac yn arbennig iawn â statws y wladwriaeth'. Dadl Tudur Jones oedd bod yr Annibynwyr yn ymyrryd mewn mater gwleidyddol er mwyn eu hatgoffa eu hunain, a phawb a gymer sylw o'u datganiad, na ddylai gwleidyddion anwybyddu Brenhiniaeth Crist.[1] Ategu hyn a wnaeth flynyddoedd yn ddiweddarach yn ei bapur *Christian Nationalism* lle dadleuodd mai ffolineb oedd ysgaru'r Beibl oddi wrth wleidyddiaeth gan fod canllawiau egwyddorol yn y Beibl y gellir trosglwyddo neu eu cymhwyso i'r byd gwleidyddol gyfoes. Esbonia:

> Man is to serve the glory of God in every aspect of his life as a creature in creation. His religious obedience to his God is expressed in his work as a maker of culture. Politics is very definitely a part of man's appointed sphere of religious labour. It would be astounding if the volume which is to serve as man's guide in glorifying God refrained from saying anything about politics. And in fact, the Bible is a surprisingly political book.[2]

Wrth gyfeirio at adnodau megis 'ac ar ei frenhiniaeth ni fydd diwedd'

1 R. Tudur Jones: *Yr Annibynwyr a Hunanlywodraeth i Gymru* (Morriston: Jones and Son, Crown Printing Works, 1952), 2

2 R. Tudur Jones: 'Christian Nationalism' yn *This Land and People*, Ballard & Jones gol. (Caerdydd, 1979), 95

(Luc 1:33), a 'Goruwch pob tywysogaeth, ac awdurdod, a gallu, ac arglwyddiaeth, a phob enw a enwir, nid yn unig yn y byd hwn, ond hefyd yn yr hwn a ddaw...' (Effesiaid 1:21) dangosa Tudur Jones sut y darlunnir Iesu Grist fel Brenin yn yr efengylau a'r epistolau. Ergyd yr adnodau a dynnodd sylw atynt 'yw mynegi'r ffydd Gristnogol fod pob awdurdod a gallu wedi ei ddarostwng i Grist.' Yn y fan yma y mae defnydd Tudur Jones o'r gair 'wedi' yn arwyddocaol oherwydd 'y mae yma fwy na mynegi'r gobaith hyderus y daw amser rhywbryd pan fo'r galluoedd wedi eu Cristioneiddio: mynegir yn hytrach y ffaith eu bod eisoes wedi eu darostwng.'[3]

Un o'r pethau hynny a ddarostyngwyd i awdurdod Crist yw'r wladwriaeth. 'Y mae iddi awdurdod,' meddai Tudur, 'gall ddefnyddio grym a gorfodaeth ond nid yw ei hawdurdod hi yn derfynol; yr unig awdurdod terfynol yw awdurdod Crist.' Credai Tudur Jones felly mai syniad paganaidd yn y bôn yw'r gred fod gan y wladwriaeth sofraniaeth absoliwt oblegid iddo ef yr unig sofraniaeth y dylid ei chyfrif yn absoliwt yw sofraniaeth Duw ei hun. Tybia felly 'fod pob awdurdod a weinyddir yn y byd yn atebol i Grist' oblegid Crist yw'r sofran. Mae'n ddiddorol nodi iddo ychwanegu bod y realiti hwn yn wir 'pa un bynnag a yw'r corff sydd yn gweinyddu'r awdurdod yn sylweddoli hynny ai peidio.' Hynny yw, nid gwledydd a gwladwriaethau Cred yn unig sy'n atebol i sofraniaeth Crist ond yn hytrach y mae pob gwlad a gwladwriaeth yn ddiwahân, gan gynnwys rhai seciwlar.[4] Gan fod Tudur yn credu mewn sofraniaeth Crist dros genhedloedd a gwladwriaethau, y mae'n dilyn felly ei fod am gondemnio gwladwriaethau neu awdurdodau sy'n ymarfer eu hawdurdod heb gydnabod arglwyddiaeth Crist. 'Credwn', meddai Tudur am awdurdodau di-hid, 'mai ein braint a'n dyletswydd yw llefaru yn eu herbyn.'[5]

Datblygodd ei syniadaeth am Benarglwyddiaeth Crist yn ei ysgrif *The Christian Doctrine of the State* a gyhoeddwyd flwyddyn yn ddiweddarach

3 R. Tudur Jones: *Yr Annibynwyr a Hunanlywodraeth i Gymru* (Morriston: Jones and Son, Crown Printing Works, 1952), 2

4 Ibid., 3

5 Ibid.

yn 1953. Agorodd yr ysgrif gyda dwy frawddeg fer sy'n gosod carreg sylfaen gweddill ei ddadl: 'Christ is Lord. That is the standpoint of faith.' Mae'r gosodiad yma yn adlais o bwyslais Datganiad Barmen a luniwyd gan arweinwyr yr Eglwys Gyffesiadol yn yr Almaen yn 1934 mewn ymateb i dwf y Deutschen Christen, math peryglus o syncretiaeth oedd yn ceisio cyd-blethu'r ffydd Gristnogol ac athroniaeth y Natsïaid. Pwyslais y datganiad oedd annog yr Eglwys i gofio mai Crist oedd gwrthrych eu ffydd ac nad oedd yr Eglwys hithau yn ddarostyngedig i'r Wladwriaeth Natsiaidd mwy nag yr oedd Crist chwaith yn ddarostyngedig i'r Deutschen Christen.[6] Mynnai'r ddealltwriaeth yma nad yw Duw'n sofran ar iachawdwriaeth dyn yn unig ond ei fod wedi'i ddyrchafu uwchlaw pob pŵer ac awdurdod a bod hyn wedi ei ddangos yn glir drwy Ei fuddugoliaeth dros farwolaeth a drygioni. Esbonia fod grym drygioni, er heb ei ddinistrio'n llwyr, wedi derbyn ergyd andwyol a'i fod bellach dan droed Crist. Ymysg y pethau darostyngedig hyn y mae'r wladwriaeth. Nid oes hawl gan y wladwriaeth i geisio plygu Crist a'i eglwys i'w ddibenion ei hun, fel a ddigwyddodd yn yr Almaen, oherwydd bod y wladwriaeth yn ddarostyngedig i Grist. Yma y mae deall yr egwyddor sylfaenol mewn perthynas ag ymwneud Cristnogion â phwerau daearol. Ni all unrhyw rym daearol, boed yn wladwriaeth neu'n endid arall, arglwyddiaethu'n derfynol dros ddyn oblegid, fel y dywed Tudur Jones mai'r 'supreme authority is Jesus Christ.' Fodd bynnag esbonia bod y wladwriaeth yn ddi-hid mewn perthynas â phenarglwyddiaeth Crist a'i bod, gan amlaf, yn gweithredu fel pe bai hawl ganddi i deyrngarwch na all neb ond Crist ei hun ei hawlio. Yn y cyswllt hwn esbonia fod y wladwriaeth yn dyfeisio technegau gorthrymol i fynnu teyrngarwch absoliwt ond bod Crist, trwy ei fuddugoliaeth ar y groes a'i atgyfodiad, wedi cipio terfynoldeb unrhyw dechnegau gorthrymol sydd gan unrhyw wladwriaeth.[7]

6 Hubert G. Lock (gol.): *The Church Confront The Nazis – Barmen Then and Now* (Llanbedr Pont Steffan: Gwasg Edwin Mellen, 1984), 22

7 R. Tudur Jones: 'The Christian Doctrine of the State' yn *Congregational Quarterly*, XXXI/4 (1953), 314

Syniadaeth am y Wladwriaeth

Un nodwedd amlwg o syniadaeth Tudur Jones felly yw ei agwedd bolemig wrth drafod y wladwriaeth, yn arbennig y wladwriaeth Brydeinig. Un o oblygiadau'r gred fod gan Grist awdurdod dros y wladwriaeth yw'r dybiaeth fod gan Gristnogion yr hawl a'r cyfrifoldeb i wrthwynebu'r wladwriaeth os yw'r wladwriaeth honno'n camu y tu hwnt i'w hawdurdod priodol ei hun. Mae Tudur Jones yn mynd i'r afael â hyn drwy gydnabod fod gwahanol benodau yn hanes yr eglwys Gristnogol yn datgelu gwahanol atebion i'r broblem: ac ymhlith yr ymatebion mwyaf cyffredin yw'r safbwynt hwnnw sy'n mynnu y dylai'r Cristion blygu i'r wladwriaeth a chydymffurfio â hi doed a ddelo a bron i'r eithaf hyd oni orfodir y Cristion i ddewis rhwng addoli Crist neu Gesar. Ond wrth i systemau democrataidd modern ddatblygu esbonia Tudur Jones fod llwybrau newydd wedi agor i'r Cristion ddal y wladwriaeth yn atebol am ei gweithredoedd a hynny ar faterion ehangach na'r dewis terfynol o ddewis rhwng Crist a Chesar. Meddai:

> But with the growth of modern democratic communities coincided the appearance of the belief that the State's pretensions must be resisted long before they reach the point when Christians have to choose between Christ and Caesar. That choice is the culmination of a long process which must be curbed long before.[8]

Y ffon mesur a ddefnyddir gan Tudur Jones wrth drafod atebolrwydd y wladwriaeth yw grym a phwrpas Teyrnas Dduw. Daeth Crist i'r byd gan alw ar ddynion i edifarhau ac i'w ddilyn ef. Yma gosodir y syniad o Deyrnas Dduw fel her – her y ffordd newydd o fyw sydd ar gael i bawb sydd am ddilyn y Gwaredwr. Pwysleisir ymhellach y dylai Crist nid yn unig gael ei gydnabod fel iachawdwr y ddynolryw ond hefyd dylid cydnabod ei hawl i fod yn ganolog yng nghymdeithas ddaearol y ddynoliaeth. Dylai'r wladwriaeth hefyd weithredu yng nghysgod Teyrnas Dduw.[9]

Â ymlaen i esbonio fod Crist wedi galw dynion i fywyd newydd – byw yn

---

8 Ibid., 315

9 Ibid.

ôl deddf cariad, hunanaberth, maddeuant, goddefgarwch, addfwynder a gostyngeiddrwydd: dyna nodweddion Teyrnas Dduw a'i dinasyddion. A dyma'r gwerthoedd y dylid dal y wladwriaeth yn atebol iddynt. Cydnabu Tudur Jones fod hyn i'w weld yn bur ddelfrydgar ond pwysleisia fod gorchymyn a chanllaw Crist yn ddigon plaen a bod yr alwad yno i'w ddilynwyr fyw yn ôl gofynion Ei Deyrnas yn awr. Meddai:

> He does not console His followers with the thought that they will be able to love one another in some distant world where there will be no thieves, wars, slanderers or hypocrites. On the contrary, He speaks of this present world with all its evils and sin, and asks His followers to love their enemies, to forgive their persecutors, to abstain even from just retribution, and to abstain from resisting evil. Nor are the children of light to lord it over one another, but rather are they by their eagerness to serve to invert the world's normal method of deciding precedence.[10]

Y mae Tudur Jones yn cydnabod fod y cysyniad o wladwriaeth yn gysyniad anodd i'r Cristion ei amddiffyn. 'It is poles apart', meddai, 'from the Kingdom of God, if not, indeed, the very antithesis of it.'[11] Mae Tudur Jones yn pwysleisio'r tensiwn parhaol sy'n bodoli rhwng gofynion y wladwriaeth a rhai Crist. Gellid casglu ei fod yn sylfaenol ddrwgdybus o'r wladwriaeth ond eto rydd rai safonau i'n galluogi i werthuso daioni gwladwriaeth. Y mae'n rhaid i'r wladwriaeth gael agwedd iach a dangos parch i'r uned deuluol ac ni ddylai hyrwyddo deddfau sy'n gwrthweithio a chwalu'r uned honno. Y mae dyletswydd ar y wladwriaeth i gydnabod bod gan ddynion eu cymunedau cenedlaethol sydd â diwylliant, iaith a thraddodiadau unigryw yn perthyn iddynt. Ni ddylai'r wladwriaeth ddefnyddio ei grym i filwrio yn erbyn hynny; ymhellach manteisia Tudur Jones ar y cyfle i nodi mai'r unig ffordd y gall gwladwriaethau wneud cyfiawnder â chenhedloedd yw drwy ganiatáu iddynt gael eu gwladwriaeth eu hunain. Daw'r ysgrif *The Christian Doctrine of the State* i'w chlo wrth iddo atgoffa'r darllenydd unwaith yn rhagor mai Duw ac nid y wladwriaeth, y perthyn yr orseddfainc uchaf.

---

10 Ibid., 316

11 Ibid.

> A Congregationalist will thus be aware at the same time of the claims of Christ and the possibilities of politics. This will cause him embarrassment, but out of it he will create such laws and machinery of government as will ensure that the State does not arrogate to itself the honour and power which belong to God alone.[12]

Syniadaeth am y Genedl

Felly, ym marn Tudur Jones diben y wladwriaeth yw gwasanaethu'r genedl a pheidio â chymryd lle Duw fel gwrthrych ffydd a gobeithion y bobl. Mynnodd yn *The Desire of Nations* '[that] the nationalist always distinguishes clearly between nation and State. His allegiance is to the former.'[13] Y genedl ac nid y wladwriaeth sy'n ffurf elfennol o gymdeithas yn ôl Tudur Jones, a chredai ei bod, fel y teulu, 'yn un o'r ffurfiau anhepgorol ar fywyd dyn.' Er mwyn cryfhau ei ddadl fe ofynnodd y cwestiwn rhethregol 'a oes dyn nad yw hefyd yn aelod o genedl?' Ac nid rhywbeth a berthyn i'r presennol yn unig yw'r genedl iddo oblegid 'y mae'r gymdeithas yn ymestyn yn ôl drwy'r canrifoedd, ac etifeddwn ninnau ffrwythau a thrysorau'r gymdeithas yn awr', ac ychwanega 'pan soniwn am fwyafrif y genedl, rhaid cofio mai'r gwir fwyafrif yw'r meirw.' Ond er iddo dybio fod y genedl yn perthyn i wead dyn yr un mor naturiol â theulu, y mae'n pwysleisio drachefn fod y genedl, fel y wladwriaeth, wedi'i darostwng i Grist. Felly, ni ddylid dyrchafu'r genedl a'i gosod yn yr uchel fan y dylid ei neilltuo ar gyfer Duw. Oherwydd nad yw'r genedl mewn cystadleuaeth gyda Christ, ond yn hytrach ei bod hi'n ddarostyngedig iddo, 'y mae'r Eglwys yn gallu derbyn a noddi'r genedl fel ffaith ym magwraeth dynion.'[14] Yn ei ysgrif bwysig *Gwaed y Teulu*[15] y mae J.E. Daniel yn sylfaenu ac yn ceisio cyfiawnhau ei genedlaetholdeb ar yr

12 Ibid., 321

13 R. Tudur Jones: *The Desire of Nations* (Llandybie: Christopher Davies, 1974), 22

14 R. Tudur Jones: *Yr Annibynwyr a Hunanlywodraeth i Gymru* (Morriston: Jones and Son, Crown Printing Works, 1952), 4

15 J.E. Daniel: 'Gwaed y Teulu' yn *Torri'r Seiliau Sicr – Detholiad o Ysgrifau J.E. Daniel*, D. Densil Morgan gol. (Llandysul: Gwasg Gomer, 1993), 165

adnod 'Efe a wnaeth o un gwaed bob cenedl o ddynion' (Actau 17:26). Yn yr un modd, dyna'r union adnod a ddefnyddiodd Tudur Jones wrth iddo gyflwyno'r ddadl fod gan 'bob cenedl ei lle a'i diben a'i gwasanaeth' ac mai 'trais yw ysbeilio dynion o'u treftadaeth genedlaethol.' Ergyd yr adnod i Tudur Jones, fel i Daniel o'i flaen, oedd dangos nad oedd dim o'i le mewn amrywedd cenhedloedd o fewn yr un hil ddynol ac felly nod y Cristion oedd 'dwyn y genedl yn gaeth i Grist' yn hytrach na dileu a dinistrio'r genedl; ei throi i gydnabod a gwasanaethu arglwyddiaeth Crist yw'r amcan.[16]

I Tudur Jones nid yw'r wladwriaeth yn ddiben ynddi'i hun. 'It is important', meddai yn 1979, 'to distinguish between state and nation. The nation is a society of societies and the state is one societal structure amongst others in the nation's life.'[17] Yn ôl yn 1952 dywedodd mai 'morwyn yw'r wladwriaeth i gadw trefn a'i gwneud yn bosibl i ddynion fyw'r bywyd da.' Yn y cyswllt hwn nid oes hawl gan y wladwriaeth i ddiffinio beth yw'r "bywyd da". Dadleuodd yn *The Desire of Nations* '[that] the State cannot perform miracles... How it is used depends upon the moral, cultural and spiritual vitality of the nation.'[18] Daw'r gwerthoedd o du'r genedl a'r teulu ac felly diben y wladwriaeth yw hyrwyddo a'u hamddiffyn hwy ac nid llywodraethu drostynt. 'Lle bo bywyd y genedl yn nychu', meddai, 'dyletswydd y wladwriaeth yw ei hamddiffyn a'i chryfhau.' O ganlyniad, y cwestiwn sylfaenol sy'n codi mewn perthynas â'r wladwriaeth Brydeinig yw 'pa genedl y mae'r wladwriaeth yn ei gwasanaethu?' Cred Tudur Jones mai anodd os nad amhosib yw i wladwriaeth noddi a gwarchod mwy nag un genedl oherwydd 'dengys hanes na all yr un wladwriaeth wasanaethu dwy genedl'.[19]

Yn 1959 cyhoeddodd Plaid Cymru *Egwyddorion Cenedlaetholdeb: y frwydr dros urddas dyn yng Nghymru*, pamffled gan Tudur Jones. Ynddo

16 R. Tudur Jones: *Yr Annibynwyr a Hunanlywodraeth i Gymru* (Morriston: Jones and Son, Crown Printing Works, 1952), 5

17 R. Tudur Jones: 'Christian Nationalism' yn *This Land and People*, Ballard & Jones gol. (Caerdydd, 1979), 88

18 R. Tudur Jones: *The Desire of Nations* (Llandybie: Christopher Davies, 1974), 21

19 R. Tudur Jones: *Yr Annibynwyr a Hunanlywodraeth i Gymru* (Morriston: Jones and Son, Crown Printing Works, 1952), 5

mynnai Tudur Jones y medrir crynhoi egwyddor sylfaenol Plaid Cymru mewn brawddeg sef: 'Y mae a wnelom uwchlaw popeth arall â thynged personau dynol yng Nghymru.' Dadleua fod y byd wedi'i lenwi â'r 'gwâr a'r anwar' a bod y ddau bŵer yn 'ymladd am enaid dyn.'[20] Gwêl Tudur Jones fod Plaid Cymru yn chwarae'i rôl ar y 'ffrynt Cymreig' yn y frwydr fawr hon am warineb dyn. Awgryma ymhellach mai amlygiad o broblem ysbrydol yw argyfwng Cymru yn ei hanfod. 'Brwydr grefyddol yw hi yn y bôn,' meddai, 'ac â'r agweddau sylfaenol ysbrydol hyn y mae a wnelo crefydd.'[21] Yn ôl Tudur Jones roedd y broblem yn bodoli lle bynnag roedd llywodraeth neu wladwriaeth yn tybio eu bod yn bwysicach ac uwchlaw dynion. Noda fod y dyn modern wedi'i ddiraddio'i hun i'r fath raddau fel nad yw dim mwy na deunydd materol i'w fowldio ar fympwy'r llywodraeth. Yr oedd hi'n fater o'r pwysigrwydd mwyaf meddai sut yr oedd dyn yn tybio am ei amcan a'i dynged ef ei hun yn y byd. 'Os y llygrir y syniad hwn,' meddai, 'llygrir y dyn ei hun.' Ymhellach noda fod y 'syniad mawreddog' hwn am urddas, amcan a thynged dyn wedi dod o'r 'pridd Cristnogol.'[22]

Arwyddocâd pwyslais Tudur Jones yn *Egwyddorion Cenedlaetholdeb* ar ryddhau pobl yw ei argyhoeddiad clir ei fod 'yn cyfrif cenedl yn beth pwysicach na gwladwriaeth.' Cymdeithas ymhlith cymdeithasau yw'r wladwriaeth ac mae'n gwrthod y dehongliad mai cymdeithas sy'n cynnwys pob cymdeithas arall ydyw. Cred Tudur Jones mai'r camsyniad hwn sy'n arwain at dotalitariaeth oherwydd mai 'prif offeryn totalitariaeth yw'r wladwriaeth.' Canlyniad diffinio'r wladwriaeth fel cymdeithas sy'n cynnwys pob cymdeithas arall yw troi pob cymdeithas yn ddim byd mwy na gweision i'r wladwriaeth. Dyma lwyddodd y Natsïaid i'w wneud yn yr Almaen – gorfodi pob cymdeithas i blygu i ewyllys y wladwriaeth. 'Lladdwyd yr argyhoeddiad fod i'r cymdeithasau hyn werth ynddynt eu hunain' yn ôl Tudur Jones a fe 'fesurid eu gwerth yn ôl eu hufuddod i'r wladwriaeth.' Penllanw'r ffenomenon hwn yn ei dyb ef oedd gorfodi'r

20 R. Tudur Jones: *Egwyddorion Cenedlaetholdeb: y frwydr dros urddas dyn yng Nghymru* (Caerdydd: Plaid Cymru, 1959), 5

21 Ibid., 6

22 Ibid.

Eglwys i ildio i dra-awdurdod y wladwriaeth.[23]

Gwrthododd dderbyn yr haeriad mai endid niwtral yw'r wladwriaeth gan iddi gael ei chreu yng nghwrs hanes gyda 'rhagdybiau a rhagfarnau'r bobl a'i lluniodd yn bur drwm arno.' Ac felly gan i'r wladwriaeth Brydeinig gael ei ffurfio, yn bennaf, gan y genedl Seisnig, ei rhagdybiaethau a'i rhagfarnau hi sydd gan y wladwriaeth hefyd. Ni dderbyniodd Tudur Jones y ddadl fod y wladwriaeth Seisnig wedi bod yn 'ddidramgwydd at ei gilydd' tuag at Gymru a dyna yw sylfaen ei ddadl fod angen gwladwriaeth a llywodraeth Gymreig.[24] 'Without a sovereign state of its own', meddai yn *The Desire of Nations*, 'a nation is bereft of the only body that can officially and formally act and speak in the name of the whole nation.'[25]

Adnabod y broblem a chynnig ateb

Nododd Tudur Jones fod methiant y wladwriaeth Seisnig i wasanaethu Cymru i'w gweld gliriaf yn y modd yr anwybyddwyd y Gymraeg a gosod Saesneg fel iaith gweinyddiaeth a chyfraith yng Nghymru. 'Gweinyddwyd cyfraith estron', meddai, 'mewn iaith estron, a thrwy hynny sarnu un o elfennau cyntaf cyfiawnder cyfreithiol.' Sgil effaith hyn oedd trin ac edrych ar y Cymry fel pobl isradd. Golygai 'greu gwrthglawdd yn erbyn y Cymry, nid oherwydd lliw eu croen, ond oherwydd iaith eu tafod.' Pwysleisiodd Tudur Jones bod 'gwrthgloddiau o'r fath yn bethau na ddichon Cristnogaeth eu goddef.'[26] Wrth gwrs fel llawforwyn i'r genedl Seisnig cydnabu Tudur Jones fod y wladwriaeth Seisnig, mewn gwirionedd, yn un effeithiol tu hwnt. Y broblem hanfodol oedd fod pobl wedi syrthio i'r fagl o roi eu ffydd ynddi hi i warchod ail genedl a iaith gynhenid y genedl honno, sef rhywbeth sy'n wrthun i natur gwladwriaeth.

23 R. Tudur Jones: *Egwyddorion Cenedlaetholdeb: y frwydr dros urddas dyn yng Nghymru* (Caerdydd: Plaid Cymru, 1959), 14

24 R. Tudur Jones: *Yr Annibynwyr a Hunanlywodraeth i Gymru* (Morriston: Jones and Son, Crown Printing Works, 1952), 6

25 R. Tudur Jones: *The Desire of Nations* (Llandybie: Christopher Davies, 1974), 20

26 R. Tudur Jones: *Yr Annibynwyr a Hunanlywodraeth i Gymru* (Morriston: Jones and Son, Crown Printing Works, 1952), 6

Ond, yn ôl Tudur Jones, amlygir methiant y wladwriaeth Seisnig i wasanaethu cenedl y Cymry mewn meysydd heblaw iaith a diwylliant. Wrth drafod addysg, a'r defnydd ohoni, dadleuodd mai llawforwyn y dylai addysg fod a hynny er mwyn hyrwyddo deall a diwylliant. Ond yng nghyd-destun Cymru cam-ddefnyddiodd y wladwriaeth Seisnig addysg at ddibenion difodi'r iaith a'r diwylliant cynhenid yn hytrach na'i chyfoethogi a'i datblygu. Dyma enghraifft yn ôl Tudur Jones lle 'aeth y gwas yn deyrn.'[27] Maes arall lle methodd y genedl Seisnig a gwasanaethu Cymru yn ôl Tudur Jones oedd ei gweinyddiaeth o brosesau democrataidd. 'Er i'r genedl Gymreig,' meddai, 'ddangos ei hawydd am gyfundrefn sosialaidd ers cymaint o flynyddoedd, ni fuasai wedi cael profi blas y gyfundrefn honno oni bai i gyflwr gwleidyddol Lloegr wneud hynny'n bosib.' Tybiai y byddai anghyfiawnder yn dilyn methiant gwladwriaeth i ufuddhau i farn y cyhoedd fel y digwyddai yng Nghymru. Wrth i benderfyniadau gwleidyddol Cymru barhau i ddibynnu ar y mwyafrif yn Lloegr nododd Tudur Jones y byddai ffydd y Cymry yn y drefn a'r sefydliadau democrataidd yn pylu fwy fwy.[28]

Esbonia Tudur Jones fod rhai gwledydd yn dysgu'r athrawiaeth nad yw dyn ond megis cynhyrchydd materol defnyddiau materol. 'Peth ymhlith pethau ydyw; y cymhlethaf o'r holl beiriannau.' Noda ymhellach mai 'llygriad dychrynllyd o syniad dyn amdano'i hun yw'r ddysgeidiaeth hon.' Ac 'i'r sawl a lwyr gredodd yr athrawiaeth hon bychan o beth yw mowldio ac ystwytho dynion i blesio mympwy llywodraeth.' A dyna, yn ôl ei ddehongliad, a ddigwyddodd yng Nghymru drwy gyfrwng addysg. Defnyddiwyd addysg gan y wladwriaeth Seisnig i 'fowldio dynion yng Nghymru i'w mympwy hi'.[29] Meddai:

> Effaith hyn i gyd yw creu argyhoeddiad yng nghalonnau Cymry nad oes le iddynt yn y byd tra bônt yn Gymry. Crëir ynddynt ysbryd taeogaidd. Ant i gredu fod Duw wedi eu creu i wasanaethu Lloegr. Aeth y Cymro i gywilyddio oherwydd yr union beth a rydd arbenigrwydd arno yn y teulu dynol.[30]

27 Ibid.

28 Ibid., 7

29 R. Tudur Jones: *Egwyddorion Cenedlaetholdeb: y frwydr dros urddas dyn yng Nghymru* (Caerdydd: Plaid Cymru, 1959), 6-7

30 Ibid., 4-5

Tybiodd Tudur Jones mai rhan o'r broblem oedd bod y Cymry'n ddall i'r propaganda a deflir atynt o bob cyfeiriad. Nododd fod pobl yn barod i gydnabod propaganda a gysylltir â phobl fel Kruschev neu Goebbels ond eu bod yn ddi-hid pan fo gwleidyddion y pleidiau Prydeinig yng Nghymru yn ei ddefnyddio.[31] Dadleuodd fod propaganda yn 'hollbresennol' drwy holl haenau cymdeithas yng Nghymru fel y cyfryngau darlledu, y drefn addysg a thrwy law peiriannau'r pleidiau Prydeinig. Un enghraifft oedd gwaharddiad Plaid Cymru ar y pryd rhag gwneud darllediadau gwleidyddol – dadleuid mai perthyn a wna'r fraint honno i'r pleidiau Prydeinig yn unig a rhybuddiodd Tudur Jones fod hyn yn enghraifft o 'bropaganda gwenwynig'. Nododd hefyd iddi ddod yn 'gred gyffredinol yng Nghymru fod celwydd yn troi'n wirionedd os oes digon o bobl yn ei gredu'.[32] Dadleuodd yn ddiweddarach yn *The Desire of Nations* fod y cyfryngau yn 'heavily charged with English nationalism. And it is no less true that many Welshmen are gradually being transformed by it into English nationalists.'[33]

Credai Tudur Jones mai'r bwgan mwyaf yn y maes economaidd oedd y meddylfryd *laissez-faire* gyfalafol, ac er gwaethaf ei sosialaeth honedig yr oedd y Blaid Lafur, fel y Toriaid hwythau yn gynheiliaid i'r drefn honno.[34] Dadleua fod cyfalafiaeth a chyfalafwyr wedi gadael 'craith ar ein cydwybod gymdeithasol' gan ddefnyddio hanes y Siartwyr, Helyntion Beca ac yn fwy diweddar y chwalu ar Undebau Llafur, fel enghreifftiau o gyfalafiaeth yn gorthrymu'r Cymry. Esbonia fod y Blaid Lafur er 1945 wedi cael ei chyfle i gyflwyno trefn economaidd amgenach i Gymru ond ei bod wedi methu'n llwyr. Er symud y diwydiannau Cymreig o ddwylo'r cyfalafwyr i ddwylo'r wladwriaeth ganolog yn Llundain, yr oedd y diwydiannau'r un mor bell o afael y werin Gymreig. Yr oedd y gweithiwr yn parhau i fod wedi'i ymddieithrio o'i gynnyrch. 'Onide', meddai Tudur, 'byddai arweinwyr Llafur yng Nghymru wedi gweld eu

31 Ibid., 10

32 Ibid., 11

33 R. Tudur Jones: *The Desire of Nations* (Llandybie: Christopher Davies, 1974), 17

34 R. Tudur Jones: *Egwyddorion Cenedlaetholdeb: y frwydr dros urddas dyn yng Nghymru* (Caerdydd: Plaid Cymru, 1959), 19

cyfle i greu rhwydwaith o ddiwydiannau a fyddai mewn ystyr real iawn yn eiddo i'r genedl Gymreig.'[35] Fe ychwanegodd:

> Nid dileu cyfalafiaeth a wnaethant ond ei dwysau. Ni wnaethpwyd chwarae teg â'r gweithwyr a'u gobaith am fwy o reolaeth tros eu gwaith beunyddiol am fod y mudiad Llafur wedi llyncu sosialaeth wladwriaethol Webbaidd ... Trwy fynnu chwalu'r fiwrocratiaeth ganolog, Seisnig hon y mae Plaid Cymru'n cymryd y dorch sosialaidd o ddwylo'r Blaid Lafur yng Nghymru.[36]

Y drefn economaidd amgen fyddai'n gweddu orau i Gymru yn ôl Tudur Jones oedd 'cydweithrediad'.[37] Ac y mae'n trosi'r un egwyddor i'r byd amaethyddol yn ogystal gan ei fod yn nodi fod Plaid Cymru yn galw am 'berchentyaeth' i'r ffermwr. Dadleua na ddylem adael i'r diwydiant amaeth syrthio a diflannu yn y byd modern oblegid 'rhoddwyd y tir i ddyn gan y Creawdwr i gynnal dyn; eilbeth yw'r difyrrwch a gaiff drwyddo.'[38]

Fel gwrthddadl yn erbyn rhai Cymry a ddilynai agenda o geisio dylanwadu o fewn y pleidiau Prydeinig, pwysleisiodd Tudur Jones mai prif ddiben y wladwriaeth Seisnig a'i phleidiau oedd hyrwyddo'r genedl Seisnig, a honno'n unig. Mae'n ofynnol felly i unrhyw wleidydd sydd am gyrraedd yr uchelfannau o fewn y system Brydeinig gofleidio amcanion y wladwriaeth honno. Nid oes sail felly dros gredu bod modd gwasanaethu cenedl y Cymry – a bod yn driw iddi – drwy'r pleidiau Prydeinig. Felly, dadleuai fod yn rhaid i'r gwleidydd o Gymro 'ymwrthod naill ai ag uchelgais neu â gwladgarwch' oblegid 'dyna'r tyndra trist y ceir ein gwleidyddion ynddo.'[39] Defnyddiodd David Lloyd George fel enghraifft glasurol o'r ffenomenon trist hwn:

> ...how does the individual Welshmen get his hands on the reigns of power? That was the question in the late nineteenth century and it was brilliantly answered by David Lloyd George. A Welsh man becomes a member of the

35 Ibid., 21

36 Ibid., 22

37 Ibid., 21

38 Ibid., 22

39 R. Tudur Jones: *Yr Annibynwyr a Hunanlywodraeth i Gymru* (Morriston: Jones and Son, Crown Printing Works, 1952), 7

> ruling elite at London precisely by becoming one of them. He may sing Pantycelyn's hymns in the front parlor at Downing Street on Sunday nights, but otherwise he must forget his nationality. That solution has been perfectly acceptable to hundreds of Welshmen.[40]

Ymhellach cyflwynodd Tudur Jones enghreifftiau o'r modd y mae'r wladwriaeth Seisnig wedi methu gwarchod Cymru o ran ei thir a'i heconomi. Dadleuodd fod dyletswydd ar bob cenedl i wneud y defnydd gorau o'i thir oherwydd mai 'braint pob cenedl yw galw rhyw ddarn o ddaear Duw yn eiddo iddi hi ei hun' ac mai 'ar gynnyrch y tir hwnnw hefyd y mae aelodau'r genedl yn byw, ac mewn byd lle mae mwyafrif ei drigolion yn byw mewn newyn, nid oes dyletswydd fwy Cristnogol na gofalu bod ein tir yn cynhyrchu hyd yr eithaf.' Ymysg gweision y wladwriaeth Seisnig a gam-ddefnyddiodd dir Cymru y mae'n enwi'r Swyddfa Ryfel, y Bwrdd Trydan a'r Comisiwn Coedwigaeth. Gwrthoda'r ddadl fod ardaloedd helaeth o Gymru yn denau ei phoblogaeth ac felly bod modd cyfiawnhau'r ecsbloetio. 'Nid oes angen cyfri pennau wrth fesur anghyfiawnder' dadleuodd, oherwydd 'ni waeth pa un ai pump ai pum mil sydd yn dioddef – os gwnaethpwyd anghyfiawnder rhaid ei atal.'[41] Dywedodd fod y wladwriaeth yn ddi-hid am farn pobl Cymru oherwydd 'gall mwyafrif pobl Cymru wrthwynebu cynllun Lerpwl i foddi Cwm Tryweryn. Ond nid llais y genedl Gymreig sy'n penderfynu tynged unrhyw gwm yng Nghymru ond hwylustod gwladwriaeth – y wladwriaeth Seisnig.'[42]

Gan droi ei olwg at yr economi, nododd Tudur Jones fod y ffocws Brydeinig bob amser yn mynd i fod ar yr un wlad neu genedl, sef Lloegr. Fe gyflwynodd nifer o enghreifftiau lle ceisiodd ddangos sut yr oedd Cymru wedi dioddef oherwydd hyn. Er enghraifft, nododd fod Lloegr yn genedl ryfelgar a'i bod felly'n dibynnu'n drwm ar adnoddau economaidd er mwyn diwallu'r awydd rhyfelgar: o ganlyniad bu rhaid i

40 R. Tudur Jones: 'Christian Nationalism' yn *This Land and People*, Ballard & Jones gol. (Caerdydd, 1979), 92

41 R. Tudur Jones: *Yr Annibynwyr a Hunanlywodraeth i Gymru* (Morriston: Jones and Son, Crown Printing Works, 1952), 8

42 R. Tudur Jones: *Egwyddorion Cenedlaetholdeb: y frwydr dros urddas dyn yng Nghymru* (Caerdydd: Plaid Cymru, 1959), 15

economi Cymru ysgwyddo tipyn o faich economaidd rhyfeloedd Lloegr. Y canlyniad medd Tudur Jones oedd 'ysigo bywyd economaidd Cymru oherwydd ei ddarostwng i wleidyddiaeth anghyfiawn.' Gresyn pellach iddo oedd gweld pobl ifainc yn gorfod gadael eu bröydd a hynny'n bennaf oherwydd mai gwladwriaeth Seisnig, estron a reolai economi Cymru. Ystyriodd Tudur Jones y broses yn ddifrifol iawn oblegid dywedodd nad 'oes dim iaith ddigon cryf i gondemnio'r Sataneiddiwch hwn.'[43] Gellid dadlau ei fod wedi defnyddio gormodiaith yn y fan yma wrth ddadlau mai 'Sataneiddiwch' oedd yr allfudiad, ond eto cam gwag byddai diystyru'r defnydd o'r gair yma fel rhyw rethreg wag yn unig. O ddehongli ei ddadl gellid deall ei lif meddwl, sef ei fod o'r farn bod prosesau anghyfiawn economaidd yn benllanw prosesau sydd â'u gwreiddiau ym mhechod dyn a drygioni'r byd syrthiedig. O edrych ar gorff ei syniadaeth yn gyfan gwelir ei fod yn adnabod perthynas rhwng argyfwng ysbrydol Cymru a'r argyfwng wleidyddol a diwylliannol yr oedd hi'n ei wynebu.

Credai Tudur Jones fod y wladwriaeth Seisnig yn cael effaith andwyol ar yr iaith Gymraeg, y diwylliant Cymraeg, tir Cymru a'u heconomi. Meddai, cyn symud ymlaen i gyflwyno'r ateb:

> Lledodd Llywodraeth Lloegr ei chortynnau'n rhy bell pan benderfynodd ein mowldio ni yn ôl patrwm ei chenedl ei hun. Y canlyniad yw iddi hi noddi anghyfiawnder sydd yn gwbl groes i'r delfryd Cristnogol am le a gwaith y wladwriaeth. Ymddyrchafodd i sedd rhagluniaeth gan gymryd arni y gallai osod terfynau preswylfod pobl a chenhedloedd.[44]

Felly, y ddelfryd Gristnogol am le a gwaith gwladwriaeth, yn ôl Tudur Jones, oedd noddi bywyd cenedl a galluogi ei dinasyddion i fyw'n rhydd a ffyniannus, rhywbeth yr oedd y Wladwriaeth Seisnig wedi methu ei wneud yng Nghymru. Y cam cyntaf yn unig mewn proses oedd y dadansoddiad a'i gondemniad o'r anghyfiawnder oherwydd rhaid oedd wrth yr ail gam, sef cynnig 'cam i gyfeiriad meddyginiaeth'. I Tudur Jones y cam ymarferol i unioni'r anghyfiawnder oedd i Gymru gael ei llywodraeth ei hun. 'Yr ateb

43 R. Tudur Jones: *Yr Annibynwyr a Hunanlywodraeth i Gymru* (Morriston: Jones and Son, Crown Printing Works, 1952), 9

44 Ibid.

i'r anghyfiawnder,' meddai, 'yw mynnu gwladwriaeth y byddai noddi'r Gymraeg yn rhan o'i bywyd beunyddiol; a gwendid Saeson a Chymry ar hyd y cenedlaethau yw na welsant yr ateb hwn yn gynt.'[45] Canlyniad hyn fyddai gosod Cymru, yn hytrach na Lloegr, yng nghanol penderfyniadau a pholisïau'r arweinwyr. Byddai'r gwleidyddion wedyn 'yn uniongyrchol gyfrifol iddi hi [Cymru] mewn ffordd sydd yn amhosib iddynt yn awr.' Mi fyddai atebolrwydd a phrosesau democrataidd yn iachach eu natur yng Nghymru a byddai'n gorfodi'r Cymry i dderbyn mwy o gyfrifoldeb dros eu gwlad eu hunain nag mewn unrhyw gyfnod cynharach. Ni fyddai modd cuddio yn y cysgod a rhoi'r bai ar Loegr bellach, byddai Cymru a'r Cymry yn dod i oed.

Ond rhan o'r waredigaeth yn unig yw sicrhau senedd i Gymru, mae'n bwysig nodi nad y *raison d'être* i Tudur Jones oedd gwladwriaeth Gymreig neu hunanlywodraeth i Gymru. Yn hytrach, gwelai'r dyfeisiadau modern hyn fel y cyfryngau gorau i gyrraedd at y gwir nod, sef mynd ati i warchod a hyrwyddo adferiad hunaniaeth y Cymry. Roedd Tudur Jones yn glir ei farn fod yn rhaid i'r genedl greu bywyd newydd iddi ei hun drwy 'ei chrefydd, ei chelfydd, ei cherddoriaeth, ei gwaith a'i hynni' ond mai amod adferiad yn y cylchoedd hynny yw cael senedd fel asgwrn cefn, 'mygir yr ynni hwn yn llwyr heb senedd' meddai.[46] Dadleuodd y byddai rhyddid i Gymru yn dwyn manteision arbennig i'r genedl gan gynnwys rhai economaidd. Dadleuodd ymhellach mai rhyddid ffals ac anghyflawn fyddai unrhyw fesur o ryddid i Gymru oni chaiff Cymru ryddid a chyfrifoldeb lawn dros ei bywyd economaidd ei hun. Esboniodd mai 'un o'r enllibiau mwyaf cyson' am Blaid Cymru yw ei bod hi'n esgeuluso bywyd economaidd Cymru.[47] 'Rhan bwysig iawn o urddas dyn', meddai, 'yw ei fod yn gallu rheoli moddion ei gynhaliaeth.'[48]

Mae'n arwyddocaol mai galw am senedd i Gymru a rhyddid i'r genedl y mae Tudur Jones yn y fan yma, rhagor na galw am sefydlu Cymru

---

45 Ibid., 6

46 R. Tudur Jones: *Egwyddorion Cenedlaetholdeb: y frwydr dros urddas dyn yng Nghymru* (Caerdydd: Plaid Cymru, 1959), 13

47 Ibid., 16

48 Ibid., 17

annibynnol wedi ei hynysu o'r gymuned rhyngwladol. Rhan o'i resymeg yw'r egwyddor 'na all cenedl dyfu i'w llawn dwf heb gysylltiadau bywiol â chenhedloedd eraill'.[49] I Tudur Jones nid Cymru ynysig fyddai'r Gymru rydd ond yn hytrach Cymru fyddai'n 'chwarae ei rhan yn ôl ei maint a'i gallu yng nghynghorau Ewrop a'r Byd.'[50] Gwelai 'Gymru yn cymryd ei lle yn seiadau'r cenhedloedd... ac yn derbyn yn ôl ei hangen o gyfoeth y cenhedloedd...'[51]

Rôl yr Eglwys

Yn wyneb diffyg llywodraeth Gymreig credai Tudur Jones fod yr eglwysi wedi gorfod cynnal breichiau'r genedl ac un o effeithiau ennill hunanlywodraeth byddai rhyddhau'r eglwysi a chaniatáu iddynt ddychwelyd at eu priod waith. Meddai:

> O'n safbwynt ni fel Eglwysi golygai ddychwelyd at ein priod waith. Ar hyn o bryd llwythir ein Gweinidogion â gwaith diwylliannol a llethir ysbryd llaweroedd gan broblem iaith. Diau y bydd ar Gymry ddyled enfawr i'w thalu i'w Gweinidogion ym mhob cyfundeb Eglwysig am eu llafur cyson, diflino a diddiolch dros yr iaith.[52]

Ond pwysleisia fod yn rhaid i'r genedl drwyddi draw baratoi ar gyfer cymryd cyfrifoldeb drosti'i hun a bod gan yr eglwysi hwythau eu rôl barhaol bwysig i'w gyflawni yn hyn o beth:

> Nid busnes yr Eglwys, bid siŵr, yw achub unrhyw wareiddiad. Gŵyr hi yng nghanrifoedd hir ei hanes beth yw gweld gwareiddiadau yn codi ac yn gostwng – ond y mae hi'n aros. Ond gŵyr hefyd nad ei busnes hi yw mynd o'r tu arall heibio pan fo unrhyw rai o blant Duw yn dioddef gan drais neu anghyfiawnder. Gŵyr hefyd fod y Duw hwnnw yn galw holl deyrnasoedd y

49 Ibid., 15

50 Ibid., 16

51 R. Tudur Jones: *Yr Annibynwyr a Hunanlywodraeth i Gymru* (Morriston: Jones and Son, Crown Printing Works, 1952), 10

52 Ibid.

ddaear i farn am bopeth a wnaethant yn groes i'w ewyllys ef.[53]

Er iddo gyflwyno dadl gynhwysfawr yn esbonio gweledigaeth sy'n estyn i fyd gwleidyddiaeth yn gyson â'r ddealltwriaeth o benarglwyddiaeth Crist a'i efengyl, yr awgrym uchod yw mai rhyw wrthdyniad yw'r cyfan. Ond rhaid deall gwleidyddiaeth y cyfnod, ynghyd ag ymateb Tudur Jones ac Undeb yr Annibynwyr iddi fel argyfwng a grëwyd gan y wladwriaeth Seisnig. Cyfrifoldeb yr eglwys dan yr amgylchiadau oedd sefyll dros gyfiawnder cymdeithasol, gwleidyddol a diwylliannol. Serch hynny, cyfnod dros dro yw cyfnodau argyfwng a gan mai prif gyfrifoldeb yr Eglwys yw cyhoeddi'r newyddion da, dyna'n union y bydd yn ei wneud a hynny'n gyson a pharhaol. Mewn ysgrifau o'r 1970au, yn benodol *Byw yn y Dyddiau Diweddaf*, gwahaniaethai rhwng cyfrifoldeb y Cristion a chyfrifoldeb yr Eglwysi gan nodi fod y Cristion yn uniongyrchol gyfrifol i Dduw yn ei gyfraniad diwylliannol ac nid yn anuniongyrchol drwy'r eglwys;[54] gellid gweld y sylwadau hyn felly yng ngolau'r syniadaeth yma a ddatblygodd maes o law.

Wrth drafod cyfraniad yr Annibynwyr yn benodol y mae'n dangos y pwysigrwydd a roddir ar y gynulleidfa leol a gwerth y bychan, sef materion tra phwysig y medrir eu cymhwyso i gylchoedd mwy seciwlar. Cyfeiriodd at John Penry fel un na welodd gyfiawnder eglwysig i Gymru yn nhrefn imperialaidd Elisabeth y Cyntaf a chyfeiria drachefn at Michael D. Jones fel un na welodd gyfiawnder gwleidyddol i Gymru yn nhrefn imperialaidd Fictoria chwaith. Nid cyd-ddigwyddiad yw hi fod y ddau ffigwr yma yn rhan o'r traddodiad Annibynnol yn ôl Tudur Jones. Y mae pwerau mawrion yn beryglus, a gallent esgor ar orthrwm, ac felly 'rhaid eu rhannu a'u lleihau os yw bywyd i fod yn ddiogel.' Llo Aur, meddai, ydy'r ymerodraeth ac felly'r dewis sy'n wynebu dynion ydy'r dewis rhwng Llo Aur ymerodraeth neu hyfrydwch amrywiaeth diwylliannol creadigaeth Duw. Cwestiwn o ffydd felly ydy'r mater yma o barhad y genedl iddo. 'Y mae unrhyw Gymro,' meddai, 'a ddadleua mai peth gwych bellach a fyddai i ni anghofio'r Gymraeg a dysgu Saesneg oherwydd bod cynifer o filiynau o bobl yn siarad yr iaith honno, wedi

53 Ibid., 11

54 R. Tudur Jones: *Ffydd yn y Ffau* (Abertawe: Gwasg John Penry, 1973), 105

gwadu seiliau ei gred.' Hynny yw, y mae'r unigolyn hwnnw wedi dilyn y Llo Aur.[55] Daw Tudur Jones â'i ddadl i ben drwy ail-bwysleisio nad Cymru ynysig fyddai'r Gymru hunanlywodraethol ond yn hytrach un rhan o glytwaith amrywiaeth y greadigaeth:

> Yr ydym am fod yn Annibynwyr yn y maes cydwladol hefyd, gan gredu mai trwy i bob cenedl ddwyn ei beichiau ei hun y dysgwn mor rhyfeddol bwysig yw dwyn beichiau ein gilydd, ac mai trwy i bob cenedl fynegi yn ei holl gyfoeth arbenigrwydd ei bywyd ei hun, y datguddir cliriaf mai o un gwaed y'n gwnaethpwyd oll.[56]

Mae ethos y dyfyniad uchod i'w glywed hefyd yng nghlo *The Desire of Nations* a gyhoeddodd dros ugain mlynedd yn ddiweddarach pan roes sylw at ymadrodd Emrys ap Iwan pan ddywedodd hwnnw am ei genedlaetholdeb 'asks nothing for itself that it does not wish for others. It is surely along some such path that the desire of the nations will be fulfilled.'[57] Ergyd y ddau ddyfyniad yma, yn eu hanfod, yw nodi'n glir fod cenhedloedd yn bwysig yn nhrefn pethau ond fod ganddynt hefyd eu cyfyngiadau. Mae hwn yn fater pwysig i'w nodi gan fod Tudur Jones wedi trafod cenedlaetholdeb yn ei wedd ffasgaidd hefyd, ac wedi dangos sut grwydrodd un genedl a gwladwriaeth oddi ar y llwybr, fel cefnlen i'r drafodaeth. Ni ellid gwadu bod cenedlaetholdeb, wedi'r Ail Ryfel Byd, wedi dod i olygu rhywbeth atgas yng ngolwg nifer ac felly y mae'n amlwg fod Tudur Jones yn y dyfyniadau yn fwriadol wedi ceisio pellhau ei hun oddi wrth genedlaetholdeb anghynnes gan geisio esbonio fod ei genedlaetholdeb ef a chenedlaetholdeb llawer o'i gyd-Gymry'n dra gwahanol i'r math syniadaeth a gysylltid â chenedlaetholdeb fel rheol.

---

55 R. Tudur Jones: *Yr Annibynwyr a Hunanlywodraeth i Gymru* (Morriston: Jones and Son, Crown Printing Works, 1952), 12

56 Ibid.

57 R. Tudur Jones: *The Desire of Nations* (Llandybie: Christopher Davies:, 1974), 207

Dadansoddi

Gellir dirnad bodolaeth dau ffrwd yn syniadaeth Tudur Jones. Ar y naill law y mae'n dadlau o safbwynt y diwinydd Cristnogol ond ar y llaw arall y mae'n mynd i'r afael â'r dadleuon gwleidyddol-economaidd sydd ynghlwm wrth y ddadl am ddyfodol y genedl. Agorodd ei ddadl yn y bamffled *Yr Annibynwyr a Hunanlywodraeth i Gymru* drwy nodi nad barn gyffredinol neu farn wleidyddol oedd honno o eiddo'r Annibynwyr ond yn hytrach barn grefyddol neu farn Gristnogol.[58] Ei ddehongliad o ystyr penarglwyddiaeth Crist yw hanfod ei ddadl. Mae'n dadlau fod penarglwyddiaeth Crist yn estyn i bob agwedd ar fywyd dyn, gan gynnwys ei gymdeithas a hynny felly'n rhoi dilysrwydd i Gristnogion a'r eglwys hithau i werthuso, mynegi barn a hyd yn oed gynnig polisi ymarferol ar faterion sy'n ymwneud â gwleidyddiaeth, economeg, hunaniaeth a bywyd cymdeithas hefyd. Ond ni ellid derbyn yn ddi-gwestiwn mai barn Gristnogol sydd yma oherwydd mai Cristnogion a'i mynegodd. Nid yw'n dilyn bob amser mai ffydd y Cristion sy'n llunio ei ddaliadau gwleidyddol gan fod dylanwadau eraill yn bodoli hefyd, er enghraifft, amgylchiadau cymdeithasol a diwylliannol. Y mae'n gwestiwn pellach hefyd ai dyna swyddogaeth yr Eglwys o gwbl; onid datgan gair ac ewyllys Duw y dylai fod? Ac os felly, y mae perygl amlwg yn y gred fod Duw yn gallu ewyllysio i ddynion ddilyn rhai polisïau gwleidyddol penodol. Wrth drafod syniadaeth Bobi Jones beirniadodd D. Densil Morgan y cysyniad llac hwn o benarglwyddiaeth Duw sydd hefyd i'w weld ym meddwl Tudur Jones. Dywedodd D. Densil Morgan:

> ...damcaniaeth feddyliol ydyw, serch hynny, yn hytrach na ffrwyth esboniadaeth Feiblaidd eglur a manwl. Amhosib yw profi theorïau megis caethiwed trefn y Greadigaeth, sofraniaeth y sfferau, y gwahaniaeth ansawdd diamod rhwng 'gras cyffredin' a 'gras arbennig' a llawer peth arall a bwysleisir gan y neo-Galfiniaid.[59]

58 R. Tudur Jones: *Yr Annibynwyr a Hunanlywodraeth i Gymru* (Morriston: Jones and Son, Crown Printing Works, 1952), 2

59 D. Densil Morgan: 'Gweledigaeth Gyfannol Bobi Jones: Gwerthfawrogiad Beirniadol' yn *Llên Cymru*, 20 (1997), 130-131

Cyfeiriodd Tudur Jones at adnodau Beiblaidd sy'n sôn am sofraniaeth Crist – Luc 1:33 ac Effesiaid 1:21 er enghraifft – er mwyn ceisio cyfiawnhau ei safbwyntiau mewn perthynas â sofraniaeth – ond y mae ei ddehongliad o ystyr a chwmpas y sofraniaeth honno mewn perthynas â'r cymdeithasol a'r gwleidyddol yn ddibynnol ar ei ddehongliad o'r adnodau. Hynny yw, ni ddaw ei fframwaith yn uniongyrchol o esboniadaeth Feiblaidd ond yn hytrach o'i ddealltwriaeth o feta-naratif y Beibl a'r ffordd y mae'n meddwl y dylid cymhwyso'r meta-naratif i'w gyd-destun ei hun.

Wrth ystyried y dadleuon a geir yn *Yr Annibynwyr a Hunanlywodraeth i Gymru* yn benodol rhaid pwyso a mesur natur a phwrpas y gwaith. Nid astudiaeth gytbwys o'r ystyriaethau dan sylw ydyw ond yn hytrach darn o ryddiaith sydd wedi'i ysgrifennu er mwyn argyhoeddi ei ddarllenwyr – *apologia* ydyw i'r safbwynt gwleidyddol a oedd eisoes wedi'i fabwysiadau gan yr Annibynwyr, yn hytrach na phapur trafod i'w hystyried cyn dod i benderfyniad. Gwendid hyn yw ei fod yn agored i gyhuddiadau o fod yn astudiaeth ddiwinyddol sydd wedi'i lunio i gyfiawnhau safbwynt gwleidyddol yn hytrach na bod y safbwynt gwleidyddol wedi'i lunio yng ngoleuni'r ddiwinyddiaeth. Ond, gan fod Tudur Jones yn gyson yn rhybuddio rhag y perygl sydd ynghlwm wrth adael i'r eglwys a'i haelodau syrthio'n brae i bwerau gwleidyddol, fel y digwyddodd yn yr Almaen, byddai cyhuddiad tebyg yn erbyn Tudur Jones yn gyhuddiad annheg. Er bod cynsail thesis *Yr Annibynwyr a Hunanlywodraeth i Gymru* wedi'i adeiladu ar ddealltwriaeth Galfinaidd o sofraniaeth Crist, prin yw'r dystiolaeth sy'n awgrymu mai dyma'r math o ddiwinyddiaeth a oedd yn llywio prif ffrwd meddwl gwleidyddol yr Annibynwyr erbyn 1950. Cydnabu Tudur Jones ei hun mai prif symbylydd y diddordeb gwleidyddol newydd hwn ymhlith yr Annibynwyr oedd yr hyn a adnabyddir fel yr 'Efengyl Gymdeithasol' a dywedodd bod y 'berw cymhleth' hwn a oedd wedi asio'r cymdeithasol a'r gwleidyddol a'r economaidd gyda ffydd a diwylliant, wedi llwyddo i ddrysu crefyddwyr y cyfnod.[60] Mewn ysgrif yn cymharu syniadaeth Tudur Jones â meddwl Pennar Davies, mae D. Densil Morgan yn amlygu'n glir y ffaith fod o leiaf un Annibynnwr blaenllaw a oedd yn cytuno â gwleidyddiaeth Tudur Jones yn dod i'w

60 R. Tudur Jones: *Hanes Annibynwyr Cymru* (Abertawe: Gwasg John Penry, 1966), 290

argyhoeddiadau o gyfeiriadau gwahanol iddo. Meddai D. Densil Morgan:

> Both were pacifists and in politics actively supported the cause of Welsh nationalism... Yet for all this they were very different too; whereas Pennar championed the cause of Pelagius, Arminius and the Christian humanism of liberal Protestantism, Tudur's heroes were Augustine, Calvin, the Puritans and all those who had cleaved to the Christianity of evangelical orthodoxy. If both were wholly committed to the cause of God's kingdom in context of the unfolding history of their own country and the world, their visions were contrasting and perhaps not wholly complementary.[61]

Ar y naill law, felly, gellid dadlau mai rhesymeg bersonol Tudur Jones dros gefnogi'r alwad am hunanlywodraeth a welir yn y pamffled ond ar y llall mae'n bosib y gellid dadlau hefyd nad yw cynnwys y pamffled yn gynrychioliadol o holl ffrydiau y trafodaethau a'r dadleuon diwinyddol arweiniodd Undeb Ystradgynlais yn 1950 i basio'r cynnig ar hunanlywodraeth i Gymru.

Yn dilyn yn uniongyrchol o'i syniad am benarglwyddiaeth Crist y mae barn Tudur Jones fod pwerau daearol eisoes wedi'u darostwng i Grist. Hynny yw nid mynegi gobaith am y nef newydd a'r ddaear newydd y mae Tudur Jones, ond yn hytrach y mae'n mynegi'n groyw fod agwedd y Cristion tuag at wleidyddiaeth a chymdeithas i'w lunio yng ngolau'r ffaith fod Crist eisoes yn Arglwyddiaethu. Y mae pechod yn dal i fodoli yn y byd, ond yn y diwedd yr adferiad yng Nghrist sydd yn arglwyddiaethu. Dadleuodd fod yn rhaid i ddyn gael ei ail-eni i fedru bod yn rhan o Deyrnas Dduw. Sut felly y cysonai hyn gyda hyrwyddo'r math weledigaeth wleidyddol oedd yn cynnwys pobl nad oeddent wedi'u hail-eni? I Tudur Jones nid oes anghysondeb yma oherwydd credai fod Crist yn sofran pa un ai os yw pobl yn gaeth i bechod neu wedi eu hail-eni. Mae grymoedd y ddaear wedi eu darostwng i sofraniaeth Crist pa un ai a yw'r bobl sy'n dal awenau'r pwerau daearol wedi eu hail-eni neu beidio. Yn wahanol i ddiwinyddion o draddodiadau eraill nid ceisio sefydlu'r Deyrnas oedd Tudur Jones, ond ystyried sut y gellid llunio cymdeithas

---

61 D. Densil Morgan: 'Pelagius and a Twentieth-Century Augustine: The Contrasting Visions of Pennar Davies and R. Tudur Jones' yn *International Congregational Journal*, 1 (2001), 41-42

addas, cymysg o ran credinwyr ac anghredinwyr, ar y ddaear yng ngoleuni buddugoliaeth Crist ar y groes.

Ar y naill law y mae Tudur Jones yn cyflwyno dadl Gristnogol, ddiwinyddol a moesol, ond ar y llaw arall y mae hefyd yn defnyddio a phwyso ar y dadleuon economaidd-wleidyddol sy'n ffafriol o blaid hunanlywodraeth. Dyma'r ddau ffrwd sy'n llywio syniadaeth wleidyddol Tudur Jones. Wrth ddehongli ei waith y mae'n ofynnol ceisio asesu pa un o'r safbwyntiau hyn – y crefyddol neu'r economaidd-wleidyddol – sy'n cael y flaenoriaeth ganddo. Ai defnyddio'r dadleuon economaidd i gyfoethogi a chyfiawnhau'r damcaniaethau hynny a oedd yn barod wedi'u gwreiddio yn ei ddiwinyddiaeth Gristnogol a wnaeth? Ai defnyddio rhethreg crefydd er mwyn cyfoethogi a rhoi mwy o rym mewn dadl i'w gasgliadau wleidyddol-economaidd a wnaeth?

Gellir awgrymu bod Tudur Jones yn argyhoeddedig ynghylch perthnasedd ei ffydd ym myd gwleidyddiaeth ac y mae'n gyson yn hyn o beth. Fodd bynnag rhaid derbyn bod dawn Tudur Jones fel rhyddiaethwr yn golygu ei fod wedi medru cyplysu ei ddoniau fel diwinydd gyda'i ddirnadaeth wleidyddol er mwyn hoelio dadleuon. Trafodwyd eisoes, er enghraifft, ei ddefnydd o'r gair 'Sataneiddiwch'[62] yn *Yr Annibynwyr a Hunanlywodraeth i Gymru* wrth esbonio bod economi Cymru yn cael ei threfnu gan y wladwriaeth Seisnig mewn ffordd a orfodai i lawer o bobl ifainc adael eu bröydd. Gwendid ei ddefnydd o ormodiaeth fel hyn yw ei fod yn agored i gyhuddiadau o fynd dros ben llestri a defnyddio iaith eithafol i ennyn ymateb a thrwy hynny golli rhai gwrandawyr.

Enghraifft arall yw'r modd y daeth â'i *Egwyddorion Cenedlaetholdeb* i ben drwy ddweud mai'r cyfan y gall Plaid Cymru a gwleidyddiaeth Gymreig yn gyffredinol ei wneud yw 'paratoi'r llwyfan' a bod rhaid i'r genedl ei hun ymateb drwy 'ysgrifennu'r ddrama, a'i llwyfannu, a'i chynhyrchu, a'i hactio.' Yna dywed mai 'trwy ras Duw y mae lle i gredu eisoes na fydd y ddrama honno yn gwbl annheilwng o un o genhedloedd hynaf

62 R. Tudur Jones: *Yr Annibynwyr a Hunanlywodraeth i Gymru* (Morriston: Jones and Son, Crown Printing Works, 1952), 9

Ewrop.'[63] Gan gofio mai cyhoeddiad gan Plaid Cymru oedd hwn, plaid wleidyddol secwlar, y mae'n ddiweddglo annisgwyl. Ond cyhoeddwyd y pamffled yn 1959 ac er bod craciau wedi ymddangos yn sylfeini'r Gymru anghydffurfiol erbyn hynny yr oedd y grefydd Gristnogol yn parhau yn brif ddylanwad y bywyd a'r diwylliant Cymraeg. Ac felly yn 1959 ni fyddai sôn am 'Ras Duw' mewn pamffled gan Blaid Cymru yn ymddangos yn estron nac yn amhriodol. Ond gellid dadlau y dengys y cyfeiriadau at ffydd ac at Dduw na allai Tudur Jones drafod ei weledigaeth wleidyddol yn onest heb gyfeirio at yr ystyriaethau diwinyddol oedd yn gefndir i'r darlun.

Mae trafodaeth y ddwy bennod diwethaf yma wedi dangos fod ffydd a gwleidyddiaeth Tudur Jones wedi eu hasio i'r fath raddau fel na ellid gwahaniaethu rhyngddynt oherwydd bod ei syniadaeth yn canoli ar y cysyniad o Benarglwyddiaeth Crist dros holl fywyd dyn. Y cysyniad hwn na ellid hollti bywyd diwylliannol a chyhoeddus dyn oddi wrth ei fywyd ysbrydol a phersonol yw sylfaen ei syniadaeth gan fod y naill dan Benarglwyddiaeth Crist. Yn y bennod nesaf byddwn yn ystyried sut y dylanwadodd y syniadaeth yma ar weithgaredd gwleidyddol Tudur Jones a sut y bu iddo eu cymhwyso wrth iddo ymateb i ddigwyddiadau ac amgylchiadau'r Gymru a oedd yn brysur newid.

63 R. Tudur Jones: *Egwyddorion Cenedlaetholdeb: y frwydr dros urddas dyn yng Nghymru* (Caerdydd: Plaid Cymru, 1959), 23

Pennod 4

Pleidiol wyf i'm Plaid

Propagandydd y Blaid

Yn rhifyn mis Medi 1973 o'r *Ddraig Goch* adroddwyd gyda 'chryn ofid' bod y Prifathro Dr. R. Tudur Jones wedi penderfynu ymddiswyddo fel golygydd y papur. Sylweddolai'r darpar olygydd newydd maint y bwlch a adawai'r hen olygydd ar ei ôl ac ychwanegodd mai 'gyda chryn betruster a gwyleidd-dra y ceisir ysgwyddo'r cyfrifoldeb a gymerodd y Prifathro arno'i hun am gynifer o flynyddoedd'.[1] Bu Tudur Jones yn golygu papurau newyddion Plaid Cymru am gyfnod maith o un mlynedd ar hugain a hynny'n ystod cyfnod pan yr oedd y papur Saesneg, *The Welsh Nation*, yn wythnosolyn. Ysgwyddodd y cyfrifoldebau hyn tra hefyd yn brifathro Coleg Diwinyddol, yn athro hanes yr eglwys, yn bregethwr poblogaidd ac yn awdur toreithiog. Dim ond gweithiwr diwyd, disgybledig a allai gyflawni'r holl dasgau hyn ac yn yr ysgrif o werthfawrogiad iddo gan D. Eirwyn Morgan yn Hydref 1973 y mae'r awdur yn dweud: '[Tudur] yr ymddisgyblwr llym 47 wythnos o bob blwyddyn, ond na fyn i neb amharu ar fwyniant llwyr a hollol yr wythnos rhwng Nadolig a Chalan.... na disgwyl iddo ymrwystro â negesau academaidd gydol Awst.'[2] Am ei ddiwrnod gwaith arferol, dywedodd Tudur Jones ei hun: 'Yr wyf yn codi bob bore am hanner awr wedi saith ac yn cau pen y mhwdl tua un o'r gloch bore trannoeth.'[3] Mewn cyfweliad yn *Cristion* cyffesai hefyd

1 anad.: 'Teyrnged i gyn-Olygydd' yn *Y Ddraig Goch*, Medi 1973

2 D. Eirwyn Morgan: 'Bwrw cipolwg tros Lafur Dr. Tudur' yn *Y Ddraig Goch*, Hydref 1973

3 R. Tudur Jones: *Ni laddodd gwaith...*, drafft o ysgrif i'r *Faner*. Dim dyddiad. Ffeil 1, Casgliad Tudur Jones, Archifdy Bangor.

nad oedd 'gweithio pymtheg awr y dydd, saith niwrnod yr wythnos, yn unrhyw benyd' iddo.[4]

Rhan dra phwysig o'r 'gweithio' hwnnw ac yn benodol yn ei waith ysgrifenedig oedd ei ymdrech diflino i gadw mater cenedlaetholdeb ym meddyliau'r cyhoedd a llunio *apologia* rhesymol i Blaid Cymru. Yn rhinwedd ei ddyletswyddau fel golygydd papurau newyddion Plaid Cymru mewn cyfnod ymhell cyn dyddiau'r rhyngrwyd a'r sianeli newyddion pedair awr ar hugain, roedd Tudur Jones yn cyflawni swydd strategol bwysig i Blaid Cymru. Plaid yr ymylon oedd hi pan ddaeth Tudur Jones i'r swydd gyntaf ar ddechrau'r 1950au ac fel y nodwyd gan Richard Wyn Jones, 'brau iawn oedd trefniadaeth y Blaid'[5] yn ystod y cyfnod ac felly'r wasg brintiedig oedd prif gyfrwng cyfathrebu a chenhadu gweledigaeth wleidyddol y Blaid ar y pryd. Dylid nodi hefyd nad papurau newyddion confensiynol oedd y *Nation* a'r *Ddraig* gan mai prif ddiben y ddau gyhoeddiad oedd argyhoeddi ac nid gohebu o angenrheidrwydd. Rhaid ystyried arwyddocâd y gwahaniaeth hwn yn ofalus a rhaid hefyd mesur yn ofalus i ba raddau y dylid pwyso ar ei eiriau yn nhudalennau'r ddau bapur. Ar y naill law yr oedd yn annog a cheisio ysbrydoli'r ffyddloniaid hynny a oedd eisoes yn cefnogi'r Blaid, ond ar y llaw arall yr oedd hefyd yn ceisio darbwyllo'r darllenwyr hynny nad oeddent yn gefnogwyr selog fod gweledigaeth Plaid Cymru yn un a oedd yn haeddu eu cefnogaeth.

Mae ysgrifau Tudur Jones yn dangos mai newyddiadurwr a oedd a'i fryd ar argyhoeddi ydoedd. Mewn sawl ysgrif ceir brawddegau a phenawdau cofiadwy megis: 'Ymarferol yw'r problemau ond ysbrydol yw'r dasg.'[6] Yma y mae'n dewis cyferbynnu'r geiriau 'ymarferol' ac 'ysbrydol' yn ddeheuig iawn gan greu pennawd slic sy'n galw ar y darllenydd i ymateb yn y ddwy ffordd hefyd. Mewn enghraifft arall, wrth drafod twristiaeth yn y *Nation*, y mae'n datgan yn glir: 'A free Wales would be a Wales worth visiting...'[7],

---

4 R. Tudur Jones: 'Holi'r Prifathro R. Tudur Jones' yn *Cristion* (Gorffennaf/Awst 1986), 15

5 Richard Wyn Jones: *Rhoi Cymru'n Gyntaf: Syniadaeth Plaid Cymru* (Caerdydd: Gwasg Prifysgol Cymru, 2007), 109

6 R. Tudur Jones: 'Ymarferol yw'r problemau ond ysbrydol yw'r dasg' yn *Y Ddraig Goch*, Medi/Hydref 1968

7 R. Tudur Jones: 'Stopping-Train to Afonwen' yn *Welsh Nation*, May, 1953

gan gysylltu'r syniad o ryddid i'r ddadl honno ynghylch yr economi a thwristiaeth. Mae'r enghreifftiau hyn yn amlygu ei ddawn i ddefnyddio rhethreg y newyddiadurwr i ledaenu ei neges genedlaetholgar a'i allu i drosi gweledigaeth a pholisïau Plaid Cymru i naratif poblogaidd.

Gwedd nodedig arall i'w arddull fel newyddiadurwr yw ei ddefnydd effeithiol o ddelweddau a chyffelybiaethau, a rhai ohonynt, yn rhai ysgrythurol. Yn sicr, ei ddefnydd o ddelweddau ysgrythurol oedd un o'r prif arfau deallusol a oedd ganddo, ond roedd hefyd yn dangos amgyffred treiddgar o gyd-destun a diwylliant ei ddarllenwyr. Yn 'The Lion and The Leek', a gyhoeddwyd yn y *Nation* yn 1952, cyfeiriodd Tudur Jones at y dulliau honedig a ddefnyddiodd y Sais wrth geisio twyllo'r Cymro trwy lunio alegori am lew ac oen bach. Yn y stori y mae'r Oen wedi'i ddal yn ffau'r llewod ac yn holi'r Llew am ganiatâd i ddychwelyd adref i'w gorlan ei hun. Er mwyn twyllo'r Oen a'i orfodi i aros y mae'r Llew yn neilltuo rhan o'r ffau yn arbennig i'r creadur bach diniwed er mwyn ceisio'i wneud yn fwy cartrefol. Yn ogystal, y mae'r Llew 'caredig' yn gosod arwydd ar fur y ffau yn nodi'r ffaith fod rhan o'r ffau'n eiddo'r Oen. Ar ddiwedd yr alegori y mae'r Llew yn gofyn i'r oen gynnig un rheswm pam y byddai'n dymuno gadael y ffau a'r holl ddiogeledd a chynigai iddo. Meddai Tudur Jones ar ddiwedd ei ysgrif: 'And so the good news is out at last, Wales is to have an emblem all of its own on English coins.' Â Tudur Jones ymlaen i esbonio: 'The trick in various forms continues to work remarkably well. Whether the object be a prince, a Secretary of State, or a leek, many Welshmen seem to think that it is an excellent substitute for national freedom and responsibility.'[8] Ergyd a phwrpas yr alegori wrth gwrs oedd pwysleisio taeogrwydd y Cymry wrth ymfodloni â'r pwt o le sydd wedi'i neilltuo iddynt o fewn y Wladwriaeth Brydeinig a hynny ar draul ymroi o ddifrif er sicrhau hunanlywodraeth i'w cenedl. Mae'r alegori hon hefyd a'i hesboniad yn ceisio argyhoeddi'r darllenydd fod gwleidyddion Prydeinig yn gyson ragweithiol yn eu hymdrechion i ffrwyno twf cenedlaetholdeb yng Nghymru a hynny'n graff iawn drwy ildio rhai consesiynau.

8 R. Tudur Jones: 'The Lion and The Leek' yn *Welsh Nation*, December, 1952

Yn ystod mis Medi a Hydref 1965 aeth Tudur Jones ati i wneud defnydd helaeth o ddelweddau ysgrythurol i ddadlau ei achos a cheisio argyhoeddi ei ddarllenwyr am rinweddau ei ddadl. Yn ei ysgrif 'Ffydd, Gobaith, a Rhyddid' cymharai nid yn unig Gwynfor Evans gyda Moses, ond hefyd yr Hebreaid gyda'r Cymry a Gwlad yr Addewid gyda Chymru Rydd. Meddai:

> Tebyg mai un o arweinwyr cenedlaethol mwya'r byd oedd Moses. Wrth geisio sicrhau hunanlywodraeth i'r Hebreaid oddi wrth ormes ymerodrol yr Aifft, bu'n rhaid iddo arwain ei bobl trwy'r anialwch cyn dod i olwg gwlad yr addewid... Eleni y mae Plaid Cymru'n ddeugain mlwydd oed... Bu'r daith yn un hir ac yn un boenus. Nid oedd yn hawdd sylweddoli cyfaredd y Llo Aur i bobl Cymru, na hudoliaeth seigiau'r Aifft.[9]

Yn 1965, gellid cymryd yn ganiataol y byddai'r Cymry Cymraeg Anghydffurfiol yn gwbl gyfarwydd â'r fath ddelweddaeth a chyffelybiaethau. Ond erbyn 1979 gofidio yr oedd Tudur Jones am y peryglon hynny a ddeilliai o ddwyn cymariaethau rhwng tynged Cymru a thynged cenedl Israel yr Hen Destament[10] gan fod hynny'n amhriodol: mynnai fod gwahaniaeth sylfaenol rhwng hanes cenedl a threfn yr achub. Ond gellid casglu mai ei amcan ef yn 1965 oedd defnyddio'r gymhariaeth i ddeffro'r Cymry i weld eu hanes fel rhan o frwydr a stori cenhedloedd trwy'r oesoedd dan law rhagluniaeth Duw. Y mis dilynol mewn erthygl yn dwyn y teitl 'Mamon yn cynllunio' y mae'n cyffelybu'r Blaid Lafur yn ddi-flewyn-ar-dafod i Famon.[11] Mae'n cyhuddo'r blaid honno o ganolbwyntio'n ormodol ar ystyriaethau ariannol ac economaidd yn unig wrth lunio polisïau a maniffesto a thrwy hynny'n anwybyddu diwylliant a thynged Cymru fel cenedl. Pwrpas ei ysgrifennu oedd argyhoeddi'r darllenydd ac felly defnyddiodd bob dull a oedd ar gael iddo, gan gynnwys gormodiaith, er mwyn cyflawni'r dasg honno.

Wrth gymharu ei gyfraniadau i'r *Nation* a'r *Ddraig* y mae'n rhaid cadw

9 R. Tudur Jones: 'Ffydd, Gobaith, a Rhyddid' yn *Y Ddraig Goch*, Medi 1965

10 R. Tudur Jones: 'Christian Nationalism' yn *This Land and People*, Ballard & Jones gol. (Caerdydd, 1979), 86

11 R. Tudur Jones: 'Mamon yn cynllunio' yn *Y Ddraig Goch*, Hydref 1965

mewn cof nad oedd yn golygu'r ddau bapur ar yr un pryd – roedd yn olygydd y *Nation* rhwng 1952 a 1964 a'r *Ddraig* rhwng 1964 a 1973. Er yn gyfnodau dilynol roeddent yn gyfnodau tra gwahanol i'w gilydd, yn gymdeithasol, yn wleidyddol ac yn grefyddol. Roedd Plaid Cymru wedi newid yn sylfaenol rhwng y cyfnod hwnnw y daeth Tudur Jones yn aelod gweithgar ohoni yn yr 1950au a'r flwyddyn a roddodd orau i'r olygyddiaeth ym 1973. Yn 1950 roedd newidiadau mawr a phellgyrhaeddol ar droed yn rhengoedd Plaid Cymru wrth i Gwynfor Evans, gyda chymorth gwŷr fel Tudur Jones, fynd ati i geisio llusgo'r Blaid allan o gysgodion cenedlaetholdeb diwylliannol Saunders Lewis, Kate Roberts a'u tebyg a sefydlu cenedlaetholdeb mwy pragmataidd a fyddai'n apelio at drwch ehangach o'r boblogaeth. Fodd bynnag, yn ei gyfrol *Rhoi Cymru'n Gyntaf: Syniadaeth Plaid Cymru* mynnai Richard Wyn Jones na fu'r newid cyfeiriad hwn rhwng cyfnod Saunders fel arweinydd a chyfnod newydd Gwynfor mor ddramatig ac arwyddocaol â hynny. Meddai:

> Roedd dyled syniadaethol Gwynfor Evans i Saunders Lewis yn llawer mwy nag yr oedd yr un o'r ddau ohonynt yn fodlon ei gydnabod. Hynny yw, mewn termau syniadaethol, roedd llawer iawn mwy o ddilyniant rhwng 'cyfnodau' arweinyddol y ddau nag yr oeddynt hwy yn fodlon ei addef a mwy nag y mae'r rhan fwyaf o sylwebyddion wedi'i sylweddoli.[12]

Dilyniant naturiol a welwyd felly yn ôl Richard Wyn Jones ac nid newid syniadaethol sylfaenol. Ond nid felly'r oedd yr ymdeimlad ar y pryd. Roedd y Blaid wedi esblygu a'i gweddnewid i'r fath raddau fel y bu iddi ennill tri o etholaethau gorllewin Cymru erbyn Etholiad Cyffredinol mis Hydref 1974: roedd y Blaid hyd yn oed wedi cychwyn herio grym a phoblogrwydd y Blaid Lafur yn ei chadarnleoedd traddodiadol megis etholaethau fel y Rhondda a Chaerffili. Yn ogystal, roedd sêr ifainc newydd a disglair y Blaid megis Dafydd Wigley a Phil Williams wedi dod i'r amlwg gyda'u cenedlaetholdeb llai diwylliannol a mwy economaidd. Datblygiad arwyddocaol arall rhwng cyfnod golygyddiaeth Tudur Jones o'r *Nation* a'i gyfnod yn olygydd y *Ddraig* oedd sefydlu Cymdeithas yr Iaith Gymraeg. Iaith yr aelwyd a'r capel oedd y Gymraeg yn 1950 ond

12 Richard Wyn Jones: *Rhoi Cymru'n Gyntaf: Syniadaeth Plaid Cymru* (Caerdydd: Gwasg Prifysgol Cymru, 2007), 113-114.

erbyn 1973 daeth yn bwnc gwleidyddol llosg – gorfodwyd Plaid Cymru ynghyd â'r holl bleidiau Prydeinig eraill i ymateb yn wleidyddol ac nid yn ddiwylliannol yn unig i broblemau a dyfodol yr iaith Gymraeg.

Mae'n amlwg, wrth ddarllen ysgrifau'r ddau bapur newydd, fod Tudur Jones yn neilltuo cryn ofod yn ei golofnau i gynnig beirniadaeth o'r hyn y mae'n ei alw'n Imperialaeth Brydeinig a'r Pleidiau Prydeinig. Yn yr un modd, cynigiai'r un faint o ofod i gyflwyno dadl Plaid Cymru dros hunanreolaeth ac annibyniaeth fel yr unig ffordd i fynd i'r afael â her imperialaeth. A theg yw casglu bellach fod mwy o drafod a beirniadu ar Imperialaeth Brydeinig a'r pleidiau Prydeinig yn digwydd yn y *Nation* na'r hyn a welir yn y *Ddraig*. Nid cyd-ddigwyddiad mo hynny chwaith. Roedd Tudur Jones yn ymwybodol iawn, yn arbennig erbyn y 1950au, o bwysigrwydd ennill cefnogaeth y Cymry di-Gymraeg, ac yn arbennig cefnogwyr y Blaid Lafur, er mwyn sefydlu'r gefnogaeth graidd angenrheidiol hynny a oedd ei angen ar Blaid Cymru er mwyn dod yn rym gwleidyddol o bwys. Sylwn hefyd bod natur yr ysgrifau yn y *Nation* yn rhai mwy difrifol, sobr a dadansoddol ar y cyfan na'r rhai a ymddangosodd yn y *Ddraig*. Gwir y gwelir rhai pytiau digri a dychanol yn y *Nation* a hyd yn oed rhai go ddifrifol a sobr yn y *Ddraig*, ond ar y cyfan, gellid casglu fod Tudur Jones yn ymwybodol o'r ymdrech resymol ychwanegol a oedd ei angen i geisio argyhoeddi'r di-Gymraeg yn fwy na'r Cymry Cymraeg. Roedd y talcen di-Gymraeg yn un galetach o lawer na'r talcen Gymraeg. Yn olaf, gellid nodi fod mwy, ar y cyfan, o drafod o safbwynt neilltuol Cristnogol yn ysgrifau'r *Ddraig* o'i gymharu â'r *Nation*. Gyda geiriau Michael D. Jones yn atseinio yn ei glustiau – fod Seisnigeiddio yng Nghymru gyfystyr a'i phaganeiddio[13] – gellid casglu fod Tudur Jones yn ymwybodol o'r ffaith mai Cymry anghydffurfiol ar y cyfan fyddai cynulleidfa'r *Ddraig* tra mai Cymry baner goch sosialaeth y Blaid Lafur fyddai cynulleidfa'r *Nation*. Mae'n bwysig nodi fod Tudur Jones yn gwybod i'r dim pryd i ddefnyddio'r gwaddol Cristnogol er hyrwyddo'i genadwri, a phryd i beidio â'i defnyddio hefyd.

13 Michael D. Jones: *Y Celt* (17 Hydref, 1890), 2.

Ymgeisyddiaeth Seneddol

Safodd Tudur Jones fel ymgeisydd seneddol yn etholaeth Môn ym 1959 gan ddod yn drydydd ar y rhestr gyda 14.63%[14] o'r bleidlais gyda'r Rhyddfrydwr yn bedwerydd ar restr yr ymgeiswyr. Safodd eto yn yr un etholaeth ym 1964 a'r tro hwnnw syrthiodd ei ganran o'r bleidlais i 6.46%[15] gan adael y Blaid yn bedwerydd, ymhell y tu ôl i'r pleidiau eraill. Mae'n anodd ceisio cloriannu perfformiad personol Tudur Jones yn ystod yr ymgyrch ond gellid casglu fod ei ganlyniad yn nodweddiadol o berfformiad y Blaid mewn etholaethau eraill yn ystod yr etholiadau hyn. Er enghraifft, safodd ei gyd-Annibynnwr Pennar Davies yn etholaeth Llanelli yn 1964 ac enillodd 7.02% o'r bleidlais.[16]

Yn un o daflenni etholiadol Tudur Jones fe nodir pedwar pwynt polisi syml yn unig:

> Plaid Cymru
> Ei pholisi yw:
> (1) Hunan-lywodraeth i Gymru oddi mewn i'r Gymanwlad.
> (2) Defnyddio a datblygu adnoddau economaidd Cymru er budd pobl Cymru.
> (3) Achub a chadarnhau iaith, diwylliant a bywyd cymdeithasol Cymru.
> (4) Ennill i Gymru ei lle cyfiawn yn y Cenhedloedd Unedig a chynghorau eraill y byd.[17]

Lluniodd un araith wleidyddol yn ystod ei ymgyrch seneddol o gwmpas y pedwar pwynt uchod, gan grwydro hefyd i feirniadu gwleidyddion y pleidiau Prydeinig. Mewn araith dan y pennawd 'Brwydr Cymru' dywedodd nad 'brwydr ddibwys yw'r un a ymladdwn ni yng Nghymru ond brwydr y brwydrau mewn gwleidyddiaeth.' Ac yna daw'r araith i'w

---

14 http://www.politicsresources.net/area/uk/ge59/i01.htm (estynnwyd ar 11 Tachwedd 2010)

15 http://www.politicsresources.net/area/uk/ge64/i01.htm (estynnwyd ar 11 Tachwedd 2010)

16 Ibid.

17 *Pleidleisiwch dros ryddid a ffyniant Cymru*, Taflen etholiadol o 1959. Casgliad R. Tudur Jones, Archifdy Bangor.

therfyn drwy ddatgan mai 'brwydr yw hon dros ddynion – hwy sydd yn bwysig – nid yw cyfiawnder, nac undeb, nac iaith, na thraddodiad o werth ar wahân i'w rhan yn eneidiau dynion.'[18] Gwelir yma ei ymgais i blethu'r pedwar pwynt polisi ag apeliadau emosiynol er mwyn ennyn ymateb a denu cefnogaeth. Daw hyn i'r amlwg eto mewn araith Saesneg a draddododd yng Nghaernarfon yn 1952. Mynnai bod rhaid i Gymru gael rheolaeth dros ei glo, ei hamaeth, ei dŵr a'i thrydan. Defnyddiodd lu o ddelweddau er mwyn cyfleu ei neges:

> There is an ancient legend about this town of Caernarfon, which tells of the Welsh people defeated in war by an English king. Their last native prince was killed and they asked the English King for a prince who knew no English whom they could call the Prince of Wales. And in this castle Edward I presented to them on his shield his baby son, who was too young to speak neither English nor Welsh. We are now told that there is no historical basis for the story, and anyone who knows anything about the Welshman of those days would know that they would be taken in by such a feeble joke as that. But English comedians are fond of repeating this joke and the one has proved effective throughout the centuries. At first it was a baby on a shield, later on it was a secretary for Wales, or a Council for Wales. The nation, of course, needed a government of its own, but it was given here feeble substitutes.[19]

Un peth sy'n sicr am ei ymgyrchoedd etholiadol yw'r ffaith mai ymgeisydd cyndyn ydoedd. Cyfeiriwyd eisoes at yr ohebiaeth rhyngddo a Gwynfor yn 1962 wrth i Tudur Jones nodi na theimlai ei fod yn gymwys nac wedi'i arfogi i fod yn ymgeisydd seneddol effeithiol.[20] Gellid dadlau felly nad darpar aelod seneddol, fel yr oedd Gwynfor Evans efallai, oedd Tudur Jones. Yn hytrach roedd ganddo gyfraniad amgen i'w chwarae. Trafodwyd eisoes ei gyfraniad fel golygydd papurau'r Blaid. Ei gyfraniad sylweddol arall oedd gweithredu fel ymgynghorydd a chymhorthydd i Gwynfor Evans.

---

18 R. Tudur Jones: *Brwydr Cymru*, araith. Ffeil 74, Casgliad R. Tudur Jones, Archifdy Bangor.

19 R. Tudur Jones: *Y Blaid*, araith a draddodwyd yng Nghaernarfon 3 Rhagfyr 1952. Casgliad R. Tudur Jones, Archifdy Bangor.

20 R. Tudur Jones at Gwynfor Evans, 1962. Papurau Gwynfor Evans, Llyfrgell Genedlaethol Cymru.

Rhyddid neu Annibyniaeth?

Daw ei rôl amgen fel un o seiri gweledigaeth Plaid Cymru i'r amlwg yn ei gyfraniad trylwyr i'r drafodaeth yn y 1970au ar *raison d'être* y Blaid. Sylwedd y drafodaeth oedd ai brwydro dros ryddid neu annibyniaeth oedd pwrpas y Blaid ac yn wir a oedd gwahaniaeth rhwng y ddau amcan mewn gwirionedd? Fe baratowyd papur trafod cyfrinachol gan Tudur Jones ar yr union bwnc yn 1977[21] ac y mae ei gynnwys yn datgelu llawer i ni am ei syniadaeth wleidyddol. Wrth agor y drafodaeth, esboniodd mai 'Rhyddid i Gymru' yn hytrach nag 'Annibyniaeth i Gymru' fu amcan Plaid Cymru ers y dechrau ac mai pwrpas Saunders Lewis wrth lunio'r polisi gwreiddiol oedd pwyso ar athrawiaeth glasurol Deddf Foesol y traddodiad Cristnogol. Roedd y pwyslais hwn yn golygu fod yna foesoldeb uwch na'r genedl a'r wladwriaeth ac o ganlyniad nad oedd y genedl na'r wladwriaeth yn sefydliadau absoliwt. Yn wyneb hyn y mae'r pwyslais ar ryddid yn sicrhau rhyddid yr unigolyn yn wyneb gormes posib y wladwriaeth. Ni pherthyn i'r wladwriaeth safonau moesol sy'n wahanol i safonau moesol y dinesydd unigol. Yn ei drafodaeth dyfynnodd Hugh Price Hughes, sef Cymro a dreuliodd ei fywyd yn gweinidogaethu yn Lloegr ac y daeth yn brif ladmerydd y "gydwybod ymneilltuol" ddiwedd y bedwaredd ganrif ar bymtheg. Dywedodd Hughes: 'What is morally wrong cannot be politically right.' Yn foesol, felly, y mae'r unigolyn a'r wladwriaeth ar yr un gwastad. Mae'r ddeddf foesol hefyd yn sicrhau rhyddid y gwahanol gymdeithasau sy'n bodoli y tu mewn i'r genedl ac y mae hyn yn ategu cri'r Blaid dros y blynyddoedd mai 'cymdeithas o gymdeithasau' yw'r genedl. Yn hyn o beth dadleua Tudur Jones fod y mudiad cenedlaethol yn ddyledus i ddysgeidiaeth yr Annibynwyr a'r Bedyddwyr am 'Hawliau Coronog y Cyfryngwr', sef y gred fod eglwys, fel cylchoedd eraill cymdeithas, yn uniongyrchol gyfrifol i Grist ac nid i unrhyw allu daearol. Hynny yw, gall pobloedd sy'n wynebu gorthrwm o gyfeiriad pwerau a deddfau daearol, o bosib, apelio at ddeddf uwch na'r awdurdod sy'n eu gorthrymu. Drwy hyn, mae'r cysyniad o ryddid sy'n deillio o'r ddeddf foesol yn atal gwladwriaeth rhag troi'n unbenaethol

21 R. Tudur Jones: *Rhyddid ynteu Annibyniaeth? - Cyfrinachol, papur i'w drafod yn unig*, 1977. Casgliad R. Tudur Jones, Archifdy Bangor.

ac yn gwarchod cymdeithas rhag gormes. Mewn cyd-destun cyfreithiol dyma'r oblygiadau:

> Wrth weinyddu'r gyfraith, rhaid i'r wladwriaeth hithau gymryd ei lle mewn llys fel un o'r pleidiau, nid fel y gallu sy'n llywyddu dros y llys ac yn cynnal yr erlyniad. Yn wir, gellir ei gwysio i'r llys ar gais dinesydd unigol. Nid gwas ewyllys y wladwriaeth yw barnwr yn ei lys, ond y llywydd sydd mewn achos neilltuol uwchlaw'r pleidiau, er i un o'r pleidiau fod yn wladwriaeth.[22]

Er bod Tudur Jones yn cydnabod y gallai athronyddu fel hyn ymddangos yn amherthnasol i'r dyn cyffredin, dadleuodd hefyd fod gosod y sylfaen foesol yn gwbl hanfodol er mwyn sicrhau na fyddai'r mudiad cenedlaethol yng Nghymru yn syrthio i ddyfnderoedd afiach rhai o'r mudiadau cyffelyb yn Ewrop, yn enwedig yn llithro i gyfeiriad Ffasgaeth.

 ymlaen i ystyried beth yw goblygiadau rhyngwladol y gwahaniaeth rhwng rhyddid ac annibyniaeth. Dadleua y gallai siarad am ryddid fod yn gyfrwng i sicrhau gwladwriaeth Gymreig allasai warchod bywyd gwleidyddol Cymru heb ymyrraeth allanol mewn ffordd sy'n groes i'r ddeddf foesol. Ond mae'n golygu hefyd mai amodol yw pob sofraniaeth ddaearol a bod gwledydd yn rhydd i gydweithredu ar lefel economaidd a diwylliannol. Yn olaf, golyga bod gwladwriaethau yn medru cyd-weithio er lles ac i warchod y ddeddf foesol, ac arweiniodd hyn at ymwrthod â rhyfel fel cyfrwng cyfathrebu rhwng gwladwriaethau.[23]

Ond ar ôl dadlau hyn oll y mae Tudur Jones yn datgan ei bryder nad yw sôn am ryddid yn rhoi digon o arweiniad wrth drafod, yn gyfansoddiadol, y math o berthynas hoffai Plaid Cymru ei sefydlu rhwng Cymru a Lloegr. Yn y gorffennol nododd fod y Blaid wedi galw am 'Statws Dominiwm', sef yr un statws a gwledydd fel Canada oedd yn mwynhau awtonomi ond yn parhau i fod yn rhan o'r Gymanwlad ac yn ddarostyngedig i sofraniaeth Brydeinig. Ond wrth i'r Gymanwlad brysur ddirwyn i ben ac wrth i fwy o wledydd eraill y Gymanwlad ennill eu

22 R. Tudur Jones: *Rhyddid ynteu Annibyniaeth? - Cyfrinachol, papur i'w drafod yn unig,* 1977. Casgliad R. Tudur Jones, Archifdy Bangor, 2

23 Ibid., 2-3

hannibyniaeth daeth galwad y Blaid am 'Statws Dominiwm' yn gynyddol amherthnasol. Rhyddid y tu mewn i'r Deyrnas Gyfunol oedd un opsiwn posibl ond dadleua fod hynny'n annerbyniol oherwydd bod y rhyddid yn ddibynnol ar natur gwleidyddiaeth llywodraeth y dydd. 'Beth petai bywyd gwleidyddol Westminster yn dod o dan fawd y National Front', meddai, 'neu ddilynwyr Trotsky, dau fudiad nad ydynt yn malio ddim am y Ddeddf Foesol?'[24] Dadleua fod ystyriaethau fel hyn yn arwain rhywun i'r casgliad fod ymgyrch dros ryddid yn troi o angenrheidrwydd yn ymgyrch dros annibyniaeth.

Prif faich y papur, felly, oedd ceisio dadlau mai rhyddid, yng nghyd-destun y ddeddf foesol, yw amcan Plaid Cymru ac y dylai unrhyw ddyhead cyfansoddiadol fod yn hyblyg ac yn ddibynnol ar y ffordd orau i ddinasyddion Cymru wireddu eu rhyddid. Erbyn 1977 ymddengys iddo ddod i'r casgliad fod rhaid i'r Blaid gydnabod mai Annibyniaeth yw'r cerbyd mwyaf ffafriol i genedl y Cymry. Gellir dehongli'r papur hwn fel pe bai'n rhoi darlun clir o'r modd yr oedd ei athrawiaeth, o ran y ddeddf foesol, yn gefnlen wrth iddo fynd ati i lunio polisi gwleidyddol.[25] Ond ni cheir defnydd o'r cysyniad ganddo mewn ffynonellau eraill sy'n trafod gwleidyddiaeth a chenedlaetholdeb. Er ei fod yn gosod y 'ddeddf foesol' fel maen prawf ei bapur trafod nid yw'n diffinio beth yw'r ddeddf foesol. Ar y naill law gellid casglu, ar sail y wybodaeth am ei ddaliadau Cristnogol, fod ei ddealltwriaeth yn debyg i eiddo John Calfin a ddywedodd: 'Now, as it is evident that the law of God which we call moral, is nothing else than the tesimony of natural law, and of that conscience which God has engraven on the minds of men ... Hence it alone ought to be the aim, the rule, and the end of all laws.'[26] Ond ar y llaw arall gellid olrhain y cysyniad yn ôl i syniadaeth y Stoiciaid o gyfraith *a priori* fel yr esbonia Evan Runner:

> The Law of God is the firm foundation of the creation, the Director of our ways. As the Word that faithfully establishes His covenant with us, the Law is also our only Comfort. The earlier pagans lacked this central religious

24 Ibid., 4

25 Ibid., 6

26 John Calvin: *Institutes of The Christian Religion* (Grand Rapids: Eerdmans, 1989), 664

> certainty. But as religious creatures they need and seek something that can take the place of this Law-word of God. They had sought this basis and director of life in nature, in the object, in a separate world of law-essences (Plato's ideas). But within their own subjective knowledge possession. The Law is no longer looked upon as something extramental, about which intra-mental knowledge can be acquired in the form of concepts, judgments, etc... but as something that itself is a concept, thus knowledge. Of course, it is not a concept like other concepts; it is not only a universal concept but also a binding concept (one having the force of law). Such a concept is not, like other concepts, due to experience (i.e., it does not arise out of experience) but precedes every possible experience and constitutes experience as to its lawful structure. It is concept *a priori*. It is knowledge *a priori*; it is innate ideas ... Here is the origin of that concept of "Reason" that looms so large and exercises so fundamental and pervasive an influence in the modern rationalistic philosophy of western Europe ...[27]

Poblogeiddiwyd y ddealltwriaeth yma o'r ddeddf foesol yn y cyfnod modern gan athronwyr yr oleuedigaeth. Gan nad yw Tudur Jones yn cynnig esboniad o'i ddealltwriaeth ef o'r ddeddf foesol mae'n amhosib adnabod gwreiddyn deallusol ei bapur trafod. Ond efallai bod ei ddefnydd o'r cysyniad o 'ddeddf foesol' yn fwriadol lac er mwyn apelio at Bleidwyr nad oedd o'r rheidrwydd yn rhannu'r un ddealltwriaeth ag ef o'r ddeddf foesol.

Dadl "Gwynforiaeth" a "Saundersiaeth"

Erbyn dechrau'r 1960au roedd Gwynfor Evans wedi ymgasglu grŵp ffyddlon o gynghorwyr o'i gwmpas, a bathwyd y term 'Llys Gwynfor' neu 'Llys Llangadog' i'w disgrifio gan aelodau iau Plaid Cymru.[28] Yn ei gofiant

27 H. Evan Runner: *Christian Perspectives* (1960), 144-145. Dyfynnwyd yn E. L. Hebden Taylor: *The Christian Philosophy of Law, Politics And The State* (Nutley, New Jersey: The Craig Press, 1969), 123-124

28 Alan Butt Philip: *The Welsh Question – Nationalism in Welsh Politics 1945-1970* (Caerdydd: Gwasg Prifysgol Cymru, 1975), 155. Harri Webb fathodd y term 'Llys Llangadog' yn ôl Rhys Evans gweler Rhys Evans: *Gwynfor* (Y Lolfa: Tal-y-bont, 2005), 225

i Gwynfor Evans, cyfeiria Rhys Evans at Tudur Jones fel 'Godfather' Llys Llangadog[29] oherwydd ei gefnogaeth ymarferol a moesol yn amddiffyn Gwynfor 'hyd y ffos olaf' mewn cyfnod lle wynebai lawer o feirniadaeth.[30] Ategir hyn gan R. Geraint Gruffydd pan ddywedodd fod '...Tudur, fe ymddengys, yn rhyw fath o dad gyffeswr (o ddefnyddio term anghymwys iawn) i Gwynfor.'[31] Nododd Richard Wyn Jones yn ei ysgrif 'Syniadaeth Wleidyddol Gwynfor Evans' nad arwain Plaid Cymru (am gyfnod maith) a wnaeth Gwynfor ond yn hytrach noda mai Gwynfor '*oedd* y blaid' gan fod trefniadaeth y Blaid yn frau iawn a'r aelodaeth yn fychan yn ystod cyfnodau maith o'i Lywyddiaeth.[32] Er bod Gwynfor wedi cael ei ystyried yn arweinydd unig, mae'n amlwg mai lladmerydd cyhoeddus i grŵp ehangach ydoedd. Aelod o dîm Gwynfor Evans oedd Tudur Jones ac ymddengys mai ef, am gyfnod, oedd prif amddiffynnydd "Gwynforiaeth" yn wyneb ymosodiadau mewnol gan y "Saundersiaid", ymysg eraill.[33]

Mae astudiaeth Richard Wyn Jones o ddatblygiad syniadaethol Plaid Cymru o gyfnod Saunders i gyfnod Gwynfor yn dadlau mai esblygiad yn fwy na newid trywydd a fu yng nghyfeiriad y Blaid yn ystod y blynyddoedd hynny. Cyn cyhoeddi cyfrol Richard Wyn Jones yn 2007 y gred gyffredinol oedd bod Saunders yn anghymeradwyo pwyslais Gwynfor ar symud yr agenda cyfansoddiadol yn ei blaen tra'n esgeuluso brwydr yr iaith a'r frwydr ddiwylliannol. Ystyriwyd datganiadau gwleidyddol cyhoeddus Saunders, megis darlith "Tynged yr Iaith" yn 1962, fel ymosodiad uniongyrchol ar dactegau a chyfeiriad Plaid Cymru dan arweiniad Gwynfor. Ond dadleuodd Richard Wyn Jones fod mwy o gysondeb na gwahaniaethau rhwng syniadaeth y ddau arweinydd. Cymer dadl Gwynfor Evans yn *A National Future for Wales* a gyhoeddwyd yn 1975 fel tystiolaeth fod yr iaith Gymraeg yn parhau i fod yn flaenoriaeth i Gwynfor Evans:

29 Rhys Evans: *Gwynfor* (Y Lolfa: Tal-y-bont, 2005), 220

30 Rhys Evans at Rhys Llwyd, 9 Mai 2011

31 Cyfweliad Rhys Llwyd gyda R. Geraint Gruffydd, 1 Chwefror 2006.

32 Richard Wyn Jones: 'Syniadaeth Wleidyddol Gwynfor Evans' yn *Efrydiau Athronyddol, LXIII* (Caerdydd: Gwasg Prifysgol Cymru, 2000), 45. Pwyslais yn y gwreiddiol.

33 Rhys Evans: *Gwynfor* (Y Lolfa: Tal-y-bont, 2005), 228

> There is no doubt that Plaid Cymru would have grown more quickly, perhaps very much more quickly, but for its adherence to the language ... But the Welsh language goes to the heart of what Plaid Cymru is trying to do. In the first place its struggle is for the civilisation of Wales, of which the language is the main medium. That is its *raison d'être*. If it abandoned the ancient tongue, even temporarily, it would be betraying its most fundamental purpose.[34]

Ymddengys, felly, fod Gwynfor yn ystyried dyfodol yr iaith Gymraeg yn fater o'r pwys mwyaf ac felly, fel y nodai Richard Wyn Jones, 'roedd ei agwedd yn debycach i safbwynt Saunders Lewis nag y mae llawer wedi'i sylweddoli.'[35] Deilliodd y tensiwn rhwng y Gwynforiaid a'r Saundersiaid o wahaniaeth pwyslais yn fwy na gwahaniaethau ideolegol sylfaenol.

Daw dylanwad Tudur Jones ar Gwynfor Evans yn amlwg yng nghyd-destun yr ymrafael rhwng Gwynfor a Saunders. Erbyn yr 1960au dywed Butt Philip fod tŵf y blaid 'appears to have secularized the top echelons of the party leadership' ond yn 1969 fod yr Annibynwyr yn parhau i fod yn 'well represented' ar y Pwyllgor Gwaith.[36] Nid Plaid Cymru oedd yr unig 'achos' cyffredin rhwng Gwynfor a Tudur. Roedd y ddau'n Annibynwyr o argyhoeddiad er bod Gwynfor, fel y nododd Richard Wyn Jones, yn tueddu i gydymdeimlo ac uniaethu mwy â 'neo-Belagiaeth Pennar Davies nag yr oedd ag uniongrededd Calfinaidd Tudur Jones.'[37] Ond yr oedd gan Gwynfor a Tudur Jones un peth allweddol yn gyffredin, sef eu gwrthwynebiad a'u drwgdybiaeth o Babyddiaeth ac yn arbennig felly dylanwad y Pabydd selog Saunders Lewis ar Blaid Cymru. Erbyn dechrau'r 1960au roedd carfanau o fewn y Blaid yn dechrau digalonni a cholli ffydd yn strategaeth y Blaid gan droi at Saunders am arweiniad ac ysbrydoliaeth. Ar ddechrau'r 1960au sefydlwyd grŵp Garthewin, sef

34 Gwynfor Evans: *A National Future for Wales*, 84. Dyfynnwyd yn Richard Wyn Jones: *Rhoi Cymru'n Gyntaf: Syniadaeth Plaid Cymru* (Caerdydd: Gwasg Prifysgol Cymru, 2007), 129

35 Richard Wyn Jones: *Rhoi Cymru'n Gyntaf: Syniadaeth Plaid Cymru* (Caerdydd: Gwasg Prifysgol Cymru, 2007), 128

36 Alan Butt Philip: *The Welsh Question – Nationalism in Welsh Politics 1945-1970* (Caerdydd: Gwasg Prifysgol Cymru, 1975), 154-156

37 Richard Wyn Jones: 'Yr Anghydffurfwyr' yn *Barn*, Rhif 518, Mawrth 2006, 10

grŵp o unigolion o gyffelyb anian a gwerthoedd i'w gilydd a gyfarfyddai i drafod materion fel gwrthryfel arfog a'u 'dirmyg llwyr o Gwynfor' a'u hanniddigrwydd ynghylch agwedd 'drahaus' Tudur Jones tuag at Babyddiaeth.[38] Ond bu nos Fawrth, 13 Chwefror 1962, yn ddyddiad allweddol yn yr ymosodiad dan arweinyddiaeth Saunders ar Gwynfor a'i dîm. Yn ôl Rhys Evans roedd y ddarlith enwog 'Tynged yr Iaith' a ddarlledwyd y noson honno '...yn ymgais fwriadus i danseilio holl strategaeth wleidyddol Gwynfor.'[39] I lawer o genedlaetholwyr, gan gynnwys Tudur Jones a Gwynfor, ffordd o sicrhau diogeledd a pharhad i'r iaith a'r diwylliant Cymraeg oedd ymgyrchu ar gyfer hunanlywodraeth er y deuai manteision eraill hefyd. Ond erys y pwynt nad hunanlywodraeth ei hun oedd y *raison d'être*. Wrth weld yr argyfwng diwylliannol yn dwysau a'r ymdrech i warchod a diogelu'r iaith drwy ddulliau cyfansoddiadol yn methu, daeth Saunders i'r casgliad mai methu yr oedd strategaeth Gwynfor a bod rhaid felly wrth 'ddulliau chwyldro' i achub yr hyn oedd ar ôl ac atal dirywiad pellach.

Yn yr ohebiaeth rhwng Tudur Jones â Gwynfor rhwng Gorffennaf 1957 a Mehefin 1958 cyfeiriwyd at 'ffyrm' oedd am hysbysebu yn y *Nation* ar fater "Planned Families." Mewn llythyr at Gwynfor nododd Tudur Jones fod y Pabyddion wedi codi stŵr ac ychwanegodd: 'Trueni na bai ein cyfeillion Pabyddol yn teimlo mor ddwfn ynglŷn â materion fel rhyfel neu erledigaeth ar leiafrifoedd crefyddol.'[40] Flwyddyn yn ddiweddarach y mae'r helynt yn parhau wrth i Tudur Jones nodi mewn llythyr at Gwynfor fod y Pabyddion, a oedd yn cynnwys Saunders, yn parhau i roi pwysau arno, ond byddai'n amhosibl ildio oherwydd byddai hynny'n ymddangos fel petai'r Blaid ym mhoced y Pabyddion.[41] Ond ymddengys fod amddiffyniad Tudur Jones o Gwynfor yn wyneb ymosodiadau gan Saunders a'r Saundersiaiad yn treiddio ymhellach na'i ddymuniad i gyfyngu ar ddylanwad y Pabyddion ar y Blaid. Nododd yn 1962 ei bod yn

38 Rhys Evans: *Gwynfor* (Y Lolfa: Tal-y-bont, 2005), 216

39 Ibid.

40 R. Tudur Jones at Gwynfor Evans, 2 Gorffennaf 1957. Papurau Gwynfor Evans, Llyfrgell Genedlaethol Cymru.

41 R. Tudur Jones at Gwynfor Evans, 5 Mehefin 1958. Papurau Gwynfor Evans, Llyfrgell Genedlaethol Cymru.

amlwg na fyddai dyfodol i'r Blaid dan y fath arweinyddiaeth oherwydd apêl gyfyngedig eu polisïau.

> Mae Saunders yn dechrau ymosod yn gyhoeddus arnom yn awr - ac y mae hynny'n newid oddi wrth yr ymosodiad via Cathrine Daniel a Raymond Edwards. Dowch inni fod yn gwbl glir ein golygon; gyda phob dyledus barch i Saunders a'i allu mawr, pe bai ef wrth y llyw, ni fyddai'r Blaid ond cwmni dibwys o bobl od, os mewn bodolaeth o gwbl.[42]

Yn wyneb y dystiolaeth ddaw o'r ohebiaeth bersonol yma gwelir bod Tudur Jones wedi chwarae rhan yn hyrwyddo agenda bragmataidd Gwynfor a chyfyngu ar ddylanwad iwtopaidd Saunders. Gwelai Tudur Jones na fyddai modd gwerthu syniadaeth Saunders i drwch yr etholwyr, ac felly'r nod oedd i'w gadw'n dawel ac i'w atal rhag dylanwadu ar bolisïau'r Blaid a'i phroffil cyhoeddus. Beirniadaethau dilynwyr Saunders o strategaeth Gwynfor oedd ei fod yn aflwyddiannus gan nad oedd etholiadau yn cael eu hennill drwy'r wlad ac felly fod Gwynfor yn ffrwyno dyheadau'r mudiad cenedlaethol drwy fynnu cadw at y llwybr cyfansoddiadol. Ond ddegawd yn ddiweddarach, yn 1972, rhannodd Tudur Jones â Gwynfor ei deimlad fod '...arwyddion fod y rhod yn troi ac nad yn ofer yr ymdrechwn.'[43]

Lle'r Blaid ar y sbectrwm dde-chwith

Yn 1974, bu Tudur Jones yn ddylanwadol wrth i Blaid Cymru geisio penderfynu lle y safai ar y sbectrwm dde-chwith. Roedd Tudur Jones, fel Gwynfor, yn credu na ddylai Plaid Cymru ildio i rethreg yr oes,[44] hynny yw datgan a oedd Plaid Cymru yn blaid "sosialaidd" ai peidio. Dywedodd Rhys Evans i Gwynfor 'dan ddylanwad R. Tudur Jones... barhau i ddadlau mai'r ateb i Blaid Cymru oedd aros yn blaid 'radical' – plaid

42 R. Tudur Jones at Gwynfor Evans, 28 Mawrth 1963. Papurau Gwynfor Evans, Llyfrgell Genedlaethol Cymru.

43 Papurau Gwynfor Evans: R. Tudur Jones at Gwynfor Evans, 5.6.1972 (LLGC)

44 Rhys Evans: *Gwynfor* (Y Lolfa: Tal-y-bont, 2005), 360.

fyddai'n cyplysu cenedlaetholdeb a Christnogaeth...'.[45] Gyda Gwynfor yn wynebu misoedd olaf ei lywyddiaeth hir roedd Tudur Jones, un o'i brif gynghorwyr, yn ddi-ildio ar y mater.

> I mi mae'r hen bwyslais ar gydweithrediad, ar gryfhau cyfrifoldeb bro ac ardal, ar geisio creu cymdeithas aml ganolog, gyda'r Wladwriaeth yn cymryd ei lle fel ffurf gymdeithasol ymhlith llawer o ffurfiau cymdeithasol eraill, a'r cwbwl trwy ei gilydd a chyda'i gilydd yn galluogi pobl i fyw'n rhydd a ffyniannus – i mi, mae'r athrawiaeth hon yn dal yn berthnasol. Ac mae hi hefyd yn athrawiaeth sydd, yn fy nhyb i, yn gorwedd yn esmwythach ar gydwybod y Cristion na'r un arall.[46]

Mae'r weledigaeth hon gan Tudur Jones yn adleisio dylanwad syniadaeth traddodiad yr Annibynwyr, sef y pwyslais ar osod cyfrifoldeb a hunanreolaeth i lawer o unedau bychain a lleol yn hytrach nac un uned fawr ganolog. Hefyd, gellir cyferbynnu'r weledigaeth hon gyda'r math o sosialaeth a oedd yn ei hamlygu ei hun ar y pryd yng ngweledigaeth yr adain chwith Brydeinig a Chymreig a hyrwyddai'r galw am genedlaetholi diwydiannau a'r angen am reoli'r economi'n ganolog. Hynny yw, math o sosialaeth a gynrychiolai werthoedd a oedd yn groes i bwyslais yr Annibynwyr ar sofraniaeth leol, ac yn fwyaf arwyddocaol roedd yn weledigaeth a filwriai yn erbyn y syniad o Gymru fel cenedl hunanreolus. Gwelwyd mwy o rinwedd mewn rheoli'r economi'n ganolog, ar lefel Prydain Fawr, gan bleidwyr sosialaeth. Mae hyn yn awgrymu rheswm posibl am ddrwgdybiaeth Tudur Jones o sosialaeth a'i wrthwynebiad i'r label 'sosialaidd' gael ei roi ar syniadaeth a pholisïau'r Blaid.

Gyda Phlaid Cymru yn ei chynhadledd yn 1981 yn ethol Dafydd Wigley fel ei llywydd newydd cyntaf ers 1945 yn ogystal â derbyn y cynnig i'r Blaid fabwysiadu'r safbwynt 'sosialaidd-gymdeithasol,' dyma weld dylanwad Gwynfor, ac felly Tudur Jones, i raddau helaeth iawn, yn dirwyn i ben. Erbyn 1981 gwelwyd gan rai bod gweledigaeth a dylanwad Tudur Jones a'r Anghydffurfwyr yn fwyfwy amherthnasol gan iddynt

45 Ibid.

46 R. Tudur Jones at Gwynfor Evans, 22 Ionawr 1981. Papurau Gwynfor Evans, Llyfrgell Genedlaethol Cymru.

lynu at weledigaeth a welsant fel un Gristnogol a hynny mewn Cymru oedd yn brysur yn cael ei secwlareiddio.[47]

Yn 1981 cyhoeddwyd adroddiad Comisiwn Ymchwil i ddyfodol syniadaethol Plaid Cymru. Argymhellwyd y dylai'r Blaid 'ymlynu wrth fath o sosialaeth ddatganoledig wedi ei seilio ar y gymuned.'[48] Yn ôl Richard Wyn Jones roedd hwn yn ddatblygiad arwyddocaol oherwydd ei fod yn 'bwrw heibio ymdrech trigain mlynedd gan brif feddylwyr y Blaid i hepgor labeli chwith/dde wrth geisio ffordd amgenach o leoli ei hathroniaeth wleidyddol.'[49] Dangoswyd bod Tudur Jones yn un o'r meddylwyr hynny a oedd erbyn 1981 yn perthyn i orffennol y Blaid, o leiaf yn syniadaethol. Fodd bynnag, dadleuodd Richard Wyn Jones fod y pylu a welwyd ar ddylanwad Ymneilltuaeth Tudur Jones wedi peri i Blaid Cymru golli ei hunig droedle diogel ac 'wrth i Anghydffurfiaeth ymddatod... aeth y troedle'n un cynyddol ansicr. Ond pa dir neu droedle cymharol sicr oedd ar gael i sefyll arno wedyn? Dyna ddeilema canolog Plaid Cymru... gyda sawl opsiwn amgen – sosialaeth? Ewrop? – yn profi'r un mor ansad.'[50]

Tactegau'r Mudiad Cenedlaethol

Yn ystod ei gyfnod yn golygu'r *Nation* (1952-1964) a'r *Ddraig* (1964-1973) a'i gyfnod fel Is-Lywydd y Blaid rhwng 1957 ac 1962, sefydlwyd Cymdeithas yr Iaith Gymraeg. Cyfeiriwyd eisoes at ddarlith ddylanwadol Saunders Lewis 'Tynged yr Iaith', pan alwodd ar Gymry i wrthod llenwi ffurflenni a thalu trethi a thrwyddedau oni bai iddynt gael y cyfle i wneud hynny yn y Gymraeg. Ym marn Lewis, roedd yn rhaid i ymgyrchwyr fod yn barod i wynebu carchar hyd yn oed er mwyn sicrhau statws swyddogol i'r Gymraeg a dyma fyddai'n hwb i adferiad yr iaith.

47 Rhys Evans: *Gwynfor* (Y Lolfa: Tal-y-bont, 2005), 360

48 *Adroddiad Comisiwn Ymchwil Plaid Cymru* (Caerdydd: Plaid Cymru, 1981), iii

49 Richard Wyn Jones: *Rhoi Cymru'n Gyntaf: Syniadaeth Plaid Cymru* (Caerdydd: Gwasg Prifysgol Cymru, 2007), 190

50 Richard Wyn Jones: 'Yr Anghydffurfwyr' yn *Barn*, Rhif 518, Mawrth 2006, 10

Yn ei ddarlith rhoddodd Saunders Lewis sylw arbennig i safiad Eileen a Trefor Beasley a symudodd i fyw i Langennech, Sir Gaerfyrddin, yn 1952. Cyflwynodd y teulu gais i Gyngor Gwledig Llanelli iddynt ddarparu papur a bil treth yn Gymraeg er mwyn gallu talu eu trethi i'r cyngor. Ymateb y Cyngor fu gwrthod darparu'r cyfryw fil yn Gymraeg ac felly gwrthodant dalu'r un Saesneg. Gwysiwyd hwy gerbron Llys Ynadon Llanelli ddwsin o weithiau. Mynnai'r teulu fod yr achos llys yn cael ei gynnal yn y Gymraeg a phenderfyniad yr ynadon oedd y dylai'r Beasleys dalu'r bil. Fe'u dirwywyd a phenderfynwyd y byddant yn talu costau'r llys yn ogystal. Gwrthod talu'r un ddimai a wnaeth y teulu a bu'r beilïaid llys yn casglu dodrefn o'u tŷ dair gwaith, a'r dodrefn yn werth mwy na'r dreth, y dirwy a'r costau a hawliwyd. Parhaodd yr helynt am wyth mlynedd hyd nes i'r Beasleys yn 1960, ennill y frwydr pan ddarparwyd eu papurau treth yn Saesneg a Chymraeg. Dyma'r prif achos a arweiniodd at sefydlu Cymdeithas yr Iaith Gymraeg ac at gyfnod hir o brotestio dros hawliau Cymry Cymraeg. Sefydlwyd Cymdeithas yr Iaith Gymraeg ar 4 Awst 1962 yn ystod Ysgol Haf Plaid Cymru ym Mhontarddulais ac erbyn Chwefror 1963 gwelwyd y brotest dorfol gyntaf pan ataliwyd y traffig ar Bont Trefechan, Aberystwyth, nid yn unig gan fyfyrwyr o brifysgolion a cholegau Aberystwyth a Bangor ond hefyd gan rai aelodau hŷn a pharchus y mudiad cenedlaethol, gan gynnwys Tudur Jones ei hun. Yn ystod y 1960au a'r 1970au bu nifer o brotestiadau di-drais tebyg a charcharwyd neu dirwywyd llu o ymgyrchwyr iaith.

Drwy ei weithgarwch gyda Phlaid Cymru bu Tudur Jones yn herio'r Wladwriaeth a'r pleidiau Prydeinig drwy ddulliau a ddisgrifir fel rhai 'cyfansoddiadol', megis datgan barn ar lafar neu'n ysgrifenedig ac yna bwrw pleidlais yn erbyn y wladwriaeth, neu ei gwas hi, sef y Llywodraeth, mewn etholiad. Ond yn dilyn sefydlu Cymdeithas yr Iaith Gymraeg bu gwrthwynebu'r wladwriaeth drwy ddulliau 'anghyfansoddiadol' yn nodwedd amlwg o'r mudiad cenedlaethol yng Nghymru trwy weddill bywyd Tudur Jones. Mae'n bwysig felly i ni asesu – cyn belled ag sy'n bosib – safbwynt Tudur Jones ar gwestiwn tor-cyfraith.

Yn ei bamffled *Yr Annibynwyr a Hunanlywodraeth i Gymru* a'r ysgrif *The Christian Doctrine of the State* a gyhoeddodd ddechrau'r 1950au nid yw

Tudur Jones yn mynd i'r afael â'r cwestiwn hwn o gwbl. Ond rhaid cofio i'r ysgrifau hyn gael eu cyhoeddi degawd cyn i Saunders Lewis draddodi ei ddarlith 'Tynged yr Iaith' a chyn i aelodau Cymdeithas yr Iaith Gymraeg weithredu drwy 'ddulliau chwyldro' ar bont Trefechan. Noda Dylan Phillips i Rosa Parks ar 1 Rhagfyr 1955, drwy beidio ag ildio ei sedd ar fws i berson croen-wyn yn Montgomery, Alabama, roi cychwyn ar gyfnod o 'brotest herfeiddiol a radical'[51] newydd. Yn dechnegol, roedd Rosa Parks a phrotestwyr tebyg yn torri'r gyfraith, ond yn ddiwinyddol gwelai Tudur Jones mai dilyn y ddeddf foesol oeddent. Yn yr un flwyddyn, roedd Tudur Jones yntau o flaen ei well mewn llys ac fe'i dirwywyd am brotest radio.[52] Roedd yn mynnu mai 'fraudulent appropriation' oedd gofyn am arian yn dâl am wasanaeth mor dila.'[53] Ymddengys felly bod beirniadaeth Tudur Jones o'r Wladwriaeth sy'n fforffedu ei hawliau gerbron ei Dduw yn mynd ymhellach na rhyw ysgrif ddamniol yn y *Nation* a phleidlais mewn etholiad.

Gellid adnabod tyndra yn syniadaeth Tudur Jones, neu o leiaf baradocs wrth geisio ei leoli ar y sbectrwm diwinyddol. Fe'i drwgdybiwyd gan rai, oedd yn cynnwys adain bietistaidd y Mudiad Efengylaidd yn ôl D. Densil Morgan, am ei gefnogaeth i brotestiadau tor-cyfraith Cymdeithas yr Iaith. Mynnant bwysleisio'n gyson ddysgeidiaeth yr Apostol Paul fod yn 'rhaid i bob un ymostwng i'r awdurdodau sy'n ben.' (Rhufeiniaid 13:1) Wrth anwybyddu'r arweiniad clir yna roedd Tudur Jones, yn eu tyb hwy, yn herio'r egwyddor o *sola scriptura* gyda'i ddiwinyddiaeth gyhoeddus. Ar y naill law roedd y rhai a ymlynai wrth ddiwinyddiaeth ryddfrydol yn cael anhawster deall y cysylltiad rhwng ei ddiwinyddiaeth Galfinaidd a'i wleidyddiaeth radical wrth-sefydliadol. Ond fel y dadleuodd D. Densil Morgan: 'enghreifftiau oedd y rhain o'r union ddau-ddyblygrwydd a oedd yn atgas ganddo.'[54]

51 Dylan Phillips: *Trwy ddulliau chwyldro...? - Hanes Cymdeithas yr Iaith Gymraeg 1962-1992* (Llandysul: Gwasg Gomer, 1998), 194

52 R. Tudur Jones at Gwynfor Evans, 14 Medi 1955. Papurau Gwynfor Evans, Llyfrgell Genedlaethol Cymru.

53 Rhys Evans: *Gwynfor* (Talybont: Y Lolfa, 2005), 160

54 D. Densil Morgan: *Cedyrn Canrif – Crefydd a Chymdeithas yng Nghymru'r Ugeinfed Ganrif* (Caerdydd: Gwasg Prifysgol Cymru, 2001), 236

Er mawr syndod i lawer, datgelwyd gan Rhys Evans yng nghofiant Gwynfor[55] gynllun gan Tudur Jones i greu 'byddin ddi-drais i weithredu ar linellau Gandhiaidd.'[56] Esboniodd wrth Gwynfor mewn llythyr ym 1960 fod angen 'mudiad ar wahân i'r Blaid ond yn tynnu ei gefnogaeth o rengoedd y Blaid.'[57] Yn gynwysedig fel atodiad rhannodd fanylion trefniadol posib i'r 'fyddin' di-drais hon:

> Enw: Byddin Rhyddid.
>
> Amcanion: I ymladd y frwydr tros ryddid dynion trwy ddulliau di-drais. Rhyddid oddi wrth ormes tlodi, diweithdra, rhyfel ac imperialaeth.
>
> Trefniadaeth: Sylfaen y drefniadaeth yw grŵp lleol: grwpiau lleol i fod yn gysylltiedig â'i gilydd mewn bataliynau rhanbarthol e.e. Arfon; Edeyrnion; Uwch-Aeron; Rhondda, Gwent &c:
> bataliynau rhanbarthol i fod yn gysylltiedig â'i gilydd mewn brigadau taleithiol e.e. Gwynedd, Powys, Dyfed &c.
> Y fyddin i gael ei harwain gan Gyngor Cenedlaethol.
>
> Recriwtio: Cynnal cyfarfodydd trwy'r wlad i esbonio amcan gweithredu di-drais, ei ysbryd a'i ddulliau a gwahodd pobl yn agored i ymuno. Gellid cyplysu agor yr ymgyrch â safiad di-drais ar fater neilltuol e.e. Teledu; neu trwy gael gorymdaith ar fater bomiau niwclear o un pen o Gymru i'r llall a gwahodd pobl i ymuno.
>
> Disgyblaeth: Byddai grymuster byddin fel hyn yn dibynnu ar ymlyniad gwirfoddol pobl - ni fyddai lle i orfodaeth. Pe teimlai unrhyw rai o'r mudiad fod angen gweithredu ar fater neilltuol; yna byddai angen trafodaeth ar ddulliau &c. Ond wedi penderfynu ar y math priodol o weithredu a'r lle a'r amser dylid rhoi pob cyfle i aelodau unigol wrthod cyn rhyw awr osodedig a hynny heb golli eu lle yn y mudiad cyffredinol. Yna byddai sicrwydd ynglŷn â'r bobl a fyddai'n cymryd rhan yn y gweithredu a byddant hwy'n ymrwymo

55 Rhys Evans: *Gwynfor* (Talybont: Y Lolfa, 2005), 211-212

56 R. Tudur Jones at Gwynfor Evans, 9 Gorffennaf 1960. Papurau Gwynfor Evans, Llyfrgell Genedlaethol Cymru.

57 R. Tudur Jones at Gwynfor Evans, 9 Gorffennaf 1960. Papurau Gwynfor Evans, Llyfrgell Genedlaethol Cymru.

i dderbyn y ddisgyblaeth a'r drefniadaeth y byddent yn cytuno arnynt.[58]

Er ei bwyslais 'di-drais' amlwg y mae'n rhyfedd iddo ddefnyddio ieithwedd filwrol wrth grybwyll ei syniadau wrth Gwynfor mewn termau fel byddin, bataliynau a brigadau: mynegodd yn yr un llythyr y byddai gweld dyfodiad cenedlaetholdeb treisgar yng Nghymru'n 'rhoi braw anarferol' iddo ac y byddai'n rhywbeth 'trist a pheryglus.'[59] Ond gan na chymerodd Tudur Jones gamau ei hun i geisio sefydlu mudiad o'r fath ac iddo roi cefnogaeth lawn i Gymdeithas yr Iaith gellid dadlau ei fod wedi ystyried gweld sefydlu'r Gymdeithas i ryw raddau fel gwireddu'r bwriad neu'r freuddwyd.

Tystiolaeth bellach sy'n awgrymu fod Tudur Jones yn ystyried sefydlu Cymdeithas yr Iaith fel cam bositif tuag at sefydlu'r math yma o fudiad di-drais yw'r ohebiaeth rhyngddo â gŵr o'r enw Bob Luitweiler, ymgyrchydd heddwch o'r UDA a oedd ym Merthyr Tydfil yn 1960. Roedd Bob Luitweiler yn ymateb i ymholiad gan Tudur Jones ynglŷn â phosibiliadau protest di-drais. Meddai Bob Luitweiler:

> We were very happy to receive your letter and hear of your study group in non-violence... We are in the process of working out a course and have just started so we can not give you more than some tentative suggestions at this time. However, we would be very happy to send you a copy of some of our plans if they would be of any value to you... In general, I'm very sorry to say there is very little experience regarding training for non-violent action. I believe from what I have been able to learn up to now that the most experience has been in the United States, particularly in regards to the use of non-Violence in breaking down racial barriers in public places.[60]

Fel arweinydd Cristnogol ac Athro Diwinyddiaeth gellid dadlau mai gweithred eofn iawn oedd yr un gymerodd Tudur Jones wrth gefnogi'r myfyrwyr ifainc a thorri cyfraith gwlad mewn protest, a

58 R. Tudur Jones at Gwynfor Evans, 9 Gorffennaf 1960. Papurau Gwynfor Evans, Llyfrgell Genedlaethol Cymru.

59 Ibid.

60 Bob Luitweiler at R. Tudur Jones, 18 Medi 1960. Ffeil 57, Casgliad R. Tudur Jones, Archifdy Bangor.

chymryd rhan weithredol ei hun yn y frwydr. Roedd ymysg y cwmni dethol o 'barchedigion' a oedd am wneud eu safiad eu hunain. Yn 1967 penderfynodd Tudur Jones ynghyd â Pennar Davies, yr Archdderwydd Gwyndaf, A.O.H. Jarman, Bobi Jones, J.R. Jones ac Alwyn D. Rees gychwyn ymgyrch brotest di-drais ar fater statws yr iaith. Nid rhyw ymwneud symbolaidd ag ymgyrch oedd ganddynt mewn golwg chwaith. 'Wedi sgwrs bellach â Bobi,' meddai Alwyn D. Rees, 'teimlasom mai crwydro braidd yn ddof fyddai ein cyfyngu ein hunain i'r disg car.'[61] Fis yn ddiweddarach ymddengys iddynt benderfynu ehangu'r brotest i alw am drwyddedau radio a theledu'n Gymraeg hefyd yn ogystal.[62]

Erbyn diwedd 1967 teimlai Tudur Jones a'r gwŷr 'parchus' eraill nad oedd y Llywodraeth yn cymryd galwadau'r Cymry am statws i'r iaith o ddifrif. Yr hyn a wnaeth Deddf yr Iaith Gymraeg 1967 oedd rhoi hawl i benaethiaid Adrannau'r Llywodraeth wneud fel y gwelant yn dda ond nid oedd y Ddeddf yn gosod unrhyw reidrwydd arnynt:

> ... this Act shall include power to prescribe such a version of the document or words as is there mentioned for use for the purpose in question in such circumstances and subject to such conditions as may be prescribed by the instrument by which the power is exercised.[63]

Erbyn dechrau 1968, chwe mis wedi pasio'r Ddeddf, nid oedd statws yr iaith wedi ei chryfhau o gwbl. Bwriad Tudur Jones a gweddill ei gyfeillion oedd dwysau'r pwysau ar y Llywodraeth drwy ddangos nad myfyrwyr 'penboeth' yn unig oedd yn fodlon gweithredu'n uniongyrchol dros achos y Gymraeg, a dyma oedd byrdwn llythyr agored a ddrafftiwyd gan y cwmni dethol at eu cyd-Gymry:

> Yr ydym ni'n argyhoeddedig erbyn hyn ei bod yn rhaid inni wneud mwy na chanmol y bobl ifainc sy'n brwydro dros yr iaith. Wedi ymatal cyhyd a rhoi pob cyfle i'r awdurdodau weithredu, credwn ei bod yn rhaid i ninnau hefyd

61 Alwyn D. Rees at R. Tudur Jones, 28 Tachwedd 1967. Ffeil 59, Casgliad R. Tudur Jones, Archifdy Bangor.

62 *Dogfen Cyfrinachol*, Rhagfyr 1967. Ffeil 59, Casgliad R. Tudur Jones, Archifdy Bangor.

63 *Welsh Language Act 1967* (http://www.legislation.gov.uk/ukpga/1967/66/pdfs/ukpga_19670066_en.pdf – Estynnwyd 10 Mai 2011)

> ddangos ein bod o ddifrif ynglŷn â hawliau'r iaith. Ein cynllun yw cael nifer sylweddol o bobl gyfrifol i arwyddo'r datganiad amgaeedig a'i gyflwyno i Adrannau'r Llywodraeth a'i gyhoeddi yn y wasg ar ddechrau'r Flwyddyn Newydd. Sylwer ein bod eto'n gadael digon o amser i'r cyfieithu gael ei wneud. Gwahoddwn chwi i uno â ni yn yr ymgyrch hon.[64]

Yn y datganiad nodwyd na fyddai'r llofnodwyr o Ddydd Gŵyl Ddewi 1968 ymlaen yn arddangos disg treth ar eu ceir oni bai i'r disgiau hynny gael eu dosbarthu'n ddwyieithog a hyd nes i'r awdurdodau fodloni derbyn ceisiadau a sieciau Cymraeg amdanynt. Ymhellach, mynnai Tudur Jones a'i gyd lofnodwyr na fyddant, ar ôl 31ain o Fai, 1968, yn fodlon cario na dangos trwyddedau gyrru i unrhyw swyddog yng Nghymru hyd nes y ceir y ffurflen gais a'r drwydded ei hun yn ddwyieithog. Yr oeddent yr un mor daer dros y trwyddedau teledu a radio oblegid nid oedd bwriad ar ôl y 30ain o Fehefin, 1968, i godi nac adnewyddu trwydded radio na theledu hyd nes y byddai'r ffurflenni cais a'r drwydded hynny'n ddwyieithog hefyd. Roedd pob un o'r llofnodwyr yn ymwybodol iawn y byddai gweithredu fel hyn yn arwain at achosion llys ac felly cytunwyd na fyddent yn ateb unrhyw wŷs oni bai fod honno'n wŷs ddwyieithog neu'n Gymraeg yn unig. Gwnaethant hi'n bur amlwg hefyd nad oedd bwriad ganddynt i dalu dirwyon pe dyfernir hwy'n euog o droseddu gan y llysoedd ac o ganlyniad byddent yn barod i wynebu cyfnodau o garchar.[65]

Ond er bod Tudur Jones yn aml yn hyrwyddo anufudd-dod sifil, roedd ef ei hun yn swil o gymryd y fath gamau ei hun. Gwelodd dor-cyfraith fel arf effeithiol ond mynnai bod rhaid gweithredu'n ddoeth ac amserol er mwyn i'r weithred fod yn effeithiol. Er enghraifft, pan glywodd am fwriad Elystan Morgan yn 1956 i ddinistrio pibellau a drosglwyddai ddŵr o Fyrnwy i Lerpwl, ei ymateb oedd '...gallai cam o'r fath droi'r farn gyhoeddus gryf sydd o'n plaid i'n herbyn.'[66] Eto yn 1971, roedd yn ddig wrth

64 *Dogfen Cyfrinachol*, Rhagfyr 1967. Ffeil 59, Casgliad R. Tudur Jones, Archifdy Bangor.

65 Dogfennau Swyddogol Dwyieithog i Gymru. Ffeil 59, Casgliad R. Tudur Jones, Archifdy Bangor.

66 R. Tudur Jones at Gwynfor Evans, 22 Tachwedd 1956. Papurau Gwynfor Evans, Llyfrgell Genedlaethol Cymru.

Ffred Ffransis am '...agor ymgyrch [ar fater darlledu]... a gweithredu'n uniongyrchol cyn cyhoeddi unrhyw ddatganiad, na chrynhoi barn gyhoeddus...'[67] Ond erbyn Medi 1979 nododd '...ei bod yn awr briodol i weithredu mewn ffordd ddramatig.'[68] Ym mis Hydref 1979 torrodd Meredydd Evans, Pennar Davies a Ned Thomas i mewn i drosglwyddydd darlledu Mynydd Pencarreg, Sir Gaerfyrddin a'i ddiffodd fel rhan o'r ymgyrch dros sianel Gymraeg. Yn ôl y chwedl roedd Pennar Davies yn esbonio rhaniadau cymdeithasol a chrefyddol Fflorens i'r ddau gyfaill arall pan gyrhaeddodd yr heddlu![69] Ond ni chymerodd Tudur Jones ran yn y weithred hon gan iddo dderbyn cyngor na ddylai 'weithredu mewn ffordd fyddai'n golygu carchar, fel y gallai cynllun Mered,'[70] er i'w gyd Annibynnwr, Pennar Davies, gymryd rhan.[71] Ymddengys i Tudur Jones benderfynu erbyn blynyddoedd canol ei yrfa felly na fyddai'n briodol iddo ymroi i weithgareddau tor-cyfreithiol difrifol oherwydd ei rôl gyhoeddus fel arweinydd Cristnogol.

Serch hynny, fel nododd Arfon Jones, roedd Tudur Jones nid yn unig yn cefnogi'r gwrthdystwyr tor-cyfraith ond roedd hefyd yn gwarchod drostynt:

> Roeddwn i wedi teimlo bob amser fod Dr. Tudur yn gwbl gefnogol i'n hymgyrchoedd a'n protestiadau ni (a dwi'n siŵr y byddai hogiau Bala-Bang i gyd yn cytuno)... Pan oeddwn i'n dilyn fy ail radd (Diwinyddiaeth B.D.) – 1977 – roeddwn wedi bod yn ymgyrchu yn erbyn yr ehangu, a hefyd yn cynnal crwsâd ar ddiffyg polisi dwyieithog trwyadl gan y coleg. Roedd rhaid i mi ymddangos o flaen un o bwyllgorau Senedd y Coleg... ac os dw i'n cofio'n iawn dyma nhw'n rhoi dirwy i mi. Roeddwn yn dweud nad oeddwn i'n bwriadu talu, a dywedwyd wrtha i na fyddwn i'n cael derbyn fy ngradd nes i mi dalu. Dwi'n cofio mynd i drafod y peth hefo Dr. Tudur, a'i ymateb

67 R. Tudur Jones at Gwynfor Evans, 17 Mawrth 1971. Papurau Gwynfor Evans, Llyfrgell Genedlaethol Cymru.

68 R. Tudur Jones at Gwynfor Evans, 27 Medi 1979. Papurau Gwynfor Evans, Llyfrgell Genedlaethol Cymru.

69 Ned Thomas: *Bydoedd Ned Thomas – Cofiant Cyfnod* (Tal-y-bont: Y Lolfa, 2010), 158

70 R. Tudur Jones at Gwynfor Evans, 27 Medi 1979. Papurau Gwynfor Evans, Llyfrgell Genedlaethol Cymru.

71 D. Densil Morgan: *Pennar Davies* (Caerdydd: Gwasg Prifysgol Cymru, 2003), 166-167

> oedd dweud wrtha i am beidio poeni am y peth - os oedd angen prawf arna i fy mod wedi dilyn y cwrs a graddio rywbryd, doedd ond rhaid i mi ofyn a byddai e'n sgwennu llythyr personol ar fy rhan. Roeddwn i'n ystyried y byddai llythyr personol gan Tudur yn llawer mwy pwysfawr na thystysgrif 'swyddogol' y Coleg! (Yn anffodus fu erioed rhaid i mi ofyn iddo am lythyr o'r fath.)[72]

Tystiodd Dafydd Iwan hefyd i bwysigrwydd cefnogaeth 'y bobl hŷn a'r bobl oedd a thipyn o enw iddyn nhw eu hunain yn y sefydliad Cymraeg'[73] i ymgyrchoedd Cymdeithas yr Iaith Gymraeg. Ymysg y rhai pwysicaf yng ngolwg Dafydd Iwan oedd Alwyn D. Rees, golygydd *Barn*, Saunders Lewis, Llywydd Anrhydeddus Cymdeithas yr Iaith tan iddo ymddiswyddo oherwydd safbwynt heddychol y Gymdeithas, J.R. Jones a Tudur Jones. Dywedodd Dafydd Iwan am gefnogaeth gyhoeddus Tudur Jones i Gymdeithas yr Iaith a'r ymgyrchoedd tor-cyfraith:

> Mae'n rhyfedd i mi ddweud am Tudur, ar un lefel nid oedd yn ddyn agos atoch chi... ond eto roeddwn i'n teimlo'n haws i ymwneud gydag ef oherwydd nid oedd yn rhoi'r argraff ei fod yn gwneud ffafr a neb... Pan oedd yn cytuno i siarad neu i ddod yn rhan o ryw ymgyrch mi oedd yn cytuno i wneud hynny am ei fod yn credu mai dyna'r peth iawn i wneud... yn hytrach na'i fod yn mynd allan o'i ffordd i wneud ffafr â chi....Rydw i'n ei gofio yn siarad ym Mryncroes adeg cau ysgol Bryncroes. Ac rydw i'n ei gofio'n arbennig felly yn y rali i ddechrau'r ymgyrch arwyddion yn y Tŷ Mawr Wybrnant, Penmachno. O bosib mai honno sy'n sefyll allan oherwydd roedd y lleoliad wedi ei ddewis yn ofalus, roedd y dyddiad wedi ei ddewis yn ofalus, roedd hi'n Ionawr y 1af 1969 ar ddechrau blwyddyn arbennig o ddramatig ac allweddol. Roeddem ni i gyd yn teimlo rhywsut fod yna rhywbeth mawr o'n blaenau ac roedd Tudur yn llwyr ymwybodol o hynny hefyd. Roedd ei araith, yn ôl yr arfer, ddim yn emosiynol ond eto roedd hi'n gynnes ac agos atoch chi ac wrth gwrs yn dangos ôl paratoi. Fe soniodd am gysylltiadau hanesyddol lleoliad y rali ond eto roedd yn gwbl ymwybodol ei fod yn siarad ar ddechrau ymgyrch a fyddai'n ymgyrch o dor-cyfraith.[74]

72 Arfon Jones at Rhys Llwyd, 21 Ebrill 2006

73 Cyfweliad gyda Dafydd Iwan, 19 Ionawr 2010

74 Cyfweliad gyda Dafydd Iwan, 19 Ionawr 2010

Mae Dafydd Iwan yn hollol gywir fod Tudur Jones yn llwyr ymwybodol ei fod yn annerch rali a oedd yn cyhoeddi dechrau cyfnod o dor-cyfraith gan i'r gwahoddiad ato nodi hynny'n glir. 'Dylwn ddweud wrthych beth fydd natur gweithgareddau'r dydd,' meddai Morys Rhys wrth wahodd Tudur Jones i annerch. 'Ar y daith i gartre William Morgan fydd aelodau'r Gymdeithas yn dileu, â phaent, arwyddion Saesneg uniaith ym mhob rhan o Gymru.'[75]

Erbyn 1971, teimlodd Pennar Davies y dylai'r parchedigion wneud rhywbeth gweledol i gefnogi'r rhai ifainc a oedd yn y carchar a rhannodd ei ddyhead i drefnu rali gyda Tudur Jones a chyhoeddi mai ef ddylai annerch y rali honno. Meddai Pennar wrth Tudur Jones:

> Teimla rhai ohonom fod yr amser wedi dod i nifer sylweddol o bobl mewn oed wneud rhywbeth i'n huniaethu ein hunain â'r bobl ifanc sydd wedi eu carcharu dros yr iaith ac argyhoeddi pobl nad pobl ifanc anaeddfed ac anghyfrifol sydd yn yr ymgyrch ond pobl o bob oedran sydd yn mynnu cael urddas a dyfodol i'r Gymraeg... Oni wnei rywbeth teimlir y gall digalondid mawr ddisgyn hyd yn oed ar y bobl ifainc.[76]

Mae tystiolaeth yn dangos fod y bobl ifainc wedi ennyn parch Tudur Jones am iddynt fod yn fodlon gwrthwynebu'r awdurdodau yn enw'r Gymraeg ac am eu parodrwydd i fynd i garchar er ei mwyn. Er enghraifft, gwerthfawrogodd Meinir Ffransis gefnogaeth a geiriau caredig Tudur Jones pan roedd ei phriod, Ffred Ffransis, dan glo ym 1973. 'Roedd yn gysur mawr inni dderbyn llythyr oddi wrthych, a chael cadernid newydd o'r geiriau,' meddai. 'Diolch am eich gofal amdanom.'[77] Flwyddyn yn ddiweddarach ceir llythyr yn yr archifau gan un o fyfyrwyr Bala-Bangor, Gethin Clwyd, o H.M. Prison, Liverpool yn diolch i Tudur Jones am ei anogaeth a'i gefnogaeth gyson.[78] Nid gofal bugeiliol yn unig dros ei

75 Llythyr gan Morys Rhys, Ysgrifennydd Cymdeithas yr Iaith Gymraeg at R. Tudur Jones 12 Rhagfyr 1968. Ffeil 59, Casgliad R. Tudur Jones, Archifdy Bangor.

76 Pennar Davies at R. Tudur Jones, 24 Tachwedd 1971. Ffeil 61, Casgliad R. Tudur Jones, Archifdy Bangor.

77 Meinir Ffransis at R. Tudur Jones, 13 Gorffennaf 1973. Ffeil 62, Casgliad R. Tudur Jones, Archifdy Bangor.

78 Gethin Clwyd at R. Tudur Jones, 9 Ebrill 1974. Ffeil 63, Casgliad R. Tudur Jones, Archifdy Bangor.

fyfyrwyr mo'r consyrn hwn ganddo, ond yr oedd hefyd yn gefnogol i'w hymgyrchoedd a'u tactegau. Adrodda Siôn Alun am gefnogaeth Tudur Jones i'w hymgyrchoedd noswyl Rali Arwyddion yn Hydref 1975:

> Ar y nos Wener cyn y rali, roedd criw ohonom yn malu rhai cannoedd o arwyddion ffyrdd Saesneg a'u pacio'n daclus er mwyn eu cludo i Ddolgellau. Roedd y frenhines wedi ymweld â Bangor y diwrnod hwnnw ac o ganlyniad roedd aelodau o'r heddlu ym mhobman, gan gadw llygaid barcud ar Fala-Bangor lle'r oedd yr "extremists" yn preswylio. Fodd bynnag, ynghanol hyn i gyd ymddangosodd Dr. Tudur gan syllu ar yr holl arwyddion â lled-wên. Ei ymateb oedd "Gwaith rhagorol fechgyn - ond cadwch y sŵn i lawr rhag i chi ddenu Heddlu Gogledd Cymru i gyd i mewn."[79]

Ond er gwerthfawrogiad y myfyrwyr o gefnogaeth Tudur Jones derbyniodd rywfaint o wrthwynebiad hefyd yn sgìl ei gefnogaeth gyhoeddus i ymgyrchoedd tor-cyfreithiol. 'I read with a sense of shame and horror of your incitement to a mob at Penmachno to violence, disaffection and disloyalty,' meddai D. Ll. Rhys Hughes o Benfro cyn mynd ymlaen i ddweud:

> As one charged with the training of disciples of the Prince of Peace, you have brought shame on our church, beside yielding encouragement to those evil forces which are seeking to rend our beloved Wales apart. May I beg of you to consider your position and if you must be disloyal both to God and your country, at least resign from the position you hold.[80]

Ymateb o syndod rhyfeddol, a enynnodd ei safiad gwleidyddol flynyddoedd ynghynt yn 1951:

> Mae stori ddigri am y Prif-Gwnstabl y Cyrnol Jones-Williams – a oedd yn Annibynnwr selog yn Salem, Caernarfon – yn dod a'i blismyn i hel y "penboethiaid" hyn o'r ffordd ac yn dod at y cyntaf ac yn ebychu mewn syndod: "Dr Tudur Jones!" yna cam ymlaen: "Yr Athro Pennar Davies!" ac

79 Siôn Alun at Arfon Jones, 26 Ebrill 2006. Pasiwyd yr ohebiaeth ymlaen at Rhys Llwyd drwy ganiatâd Siôn Alun.

80 D. Ll. Rhys Hughes, Penfro, at R. Tudur Jones 4 Ionawr 1969. Ffeil 60, Casgliad R. Tudur Jones, Archifdy Bangor.

felly aeth heibio i gryn hanner dwsin o arwyr ei bulpud.[81]

Mae'r ddau ymateb yma yn ein hatgoffa o fater llosg iawn, sef ai peth priodol a doeth yw gweld gweinidogion yr efengyl yn mynegi eu gwleidyddiaeth mewn dulliau mor gyhoeddus ac anghonfensiynol? Yn wir, ai priodol yw gweld gweinidog yr efengyl yn mynd mor bell â thorri'r gyfraith? Ond rhaid nodi hefyd fod yna edmygedd ymysg rhai Annibynwyr o leiaf i safiadau o'r fath. Er enghraifft, adroddodd E.D. Jones o Eglwys Annibynnol Seion, Aberystwyth, wrth Tudur Jones bod yr eglwys honno wedi cytuno i anfon neges o 'galondid ac ymddiriedaeth' at Ffred Ffransis yn ei 'safiad dewr o weithredu'n ddi-drais.' Ond nid oedd hyn at ddant pawb yn yr eglwys; 'fe ellwch ddychmygu golwg y cyfaill o saer' meddai E.D. Jones, 'ond ddywedodd e ddim – peidio â chodi ei law yn unig a wnaeth... Oni fu'r *saer*[82] yn ymffrostio iddo gael y fraint o ysgwyd llaw Kagawa?'[83]

Gwneud gelyn â W.A. Jones, Aberaeron neu *Aberayron* a wnaethai'r Annibynwyr ym 1972 wedi iddynt gymeradwyo cynnig ar fater trwyddedau teledu yn Undeb Caerfyrddin. 'Throughout Wales there are probably many like me – sad, bewildered, despairing,' meddai W.A. Jones mewn llythyr at Tudur Jones. 'You have struck a stupid blow at Welsh social harmony, at the rule of law in a democracy, at religion itself, and at morality.' Yna daeth y frawddeg ysgytwol: 'It is clear you no longer worship God, but the Welsh language. This is idolatry.'[84] Er nad oes cofnod ohono, mae'n debyg fod Tudur Jones wedi ateb y cyhuddiadau hyn oherwydd daeth llythyr pellach gan W.A. Jones i Fala-Bangor wythnos yn ddiweddarach lle dywedodd y tro hwn: 'You seem to think that persons who believe that the laws of their country should be obeyed are worshipping the State,' gan ychwanegu, 'I think it unwise of you to bring up the question of State-worship: Welsh Nationalism

81 D. Densil Morgan: *Pennar Davies* (Caerdydd: Gwasg Prifysgol Cymru, 2003), 94

82 Un o Seiri Rhyddion Aberystwyth

83 E.D. Jones, Aberystwyth, at R. Tudur Jones, 14 Tachwedd 1969. Ffeil 60, Casgliad R. Tudur Jones, Archifdy Bangor.

84 W.A. Jones, Aberayron, at R. Tudur Jones, 29 Medi 1972. Ffeil 62, Casgliad R. Tudur Jones, Archifdy Bangor.

is so frighteningly like the old German Nationalism, which did bring about the worship of the state. If you read *The Rise and Fall of the Third Reich* you will not fail to notice parallel after parallel...' Wrth drafod gyda gŵr oedd nid yn unig yn meddu ar farn wahanol ynglŷn ag ufudd-dod i'r Wladwriaeth ond hefyd yn credu '[that] Wales would be a better place to live in if Welsh were allowed to die out and be preserved like Latin and Greek'[85] gwyddai Tudur Jones ei fod yn trafod â gŵr a ddeuai at gwestiwn iaith a chenedl o bersbectif tra gwahanol i'w eiddo ei hun.

Er i rai dybio fod Tudur Jones yn arwain y mudiad cenedlaethol ar hyd llwybr llithrig iawn ac yn dwyn anfri ar enw da'r eglwys hefyd, tybiodd Dafydd Iwan mai Tudur Jones mewn gwirionedd oedd yn llywio'r mudiad cenedlaethol i'r cyfeiriad cywir. 'Roedd Tudur wrth gwrs,' meddai Dafydd Iwan, 'yn medru gosod tôn iawn i'r ymgyrchu, ac roedd hynny'n bwysig iawn i'r Gymdeithas... oherwydd maes o law fe ddaeth y ddadl trais neu ddi-drais ac roeddwn i o blaid cadw ymgyrchoedd yn ddi-drais, ac nid dim ond o safbwynt tacteg ond hefyd o safbwynt moesol a safbwynt Cristnogol... roedd hi'n bwysig i mi felly fod rhywun fel Tudur yn dadlau'r safbwynt ac yn gwneud hynny fel Cristion o argyhoeddiad... roedd y sylfaen Cristnogol yn bwysig... Mae bywyd yn sanctaidd ond doedd pethau ddim yn sanctaidd a doedd cyfraith dyn ddim yn sanctaidd ac roedd y cyd-destun hwnnw yn bwysig...'[86]

Dadl 'Cysgod y Swastika'

Un o ddadleuon mewnol ffyrnicaf y mudiad cenedlaethol yn y 1970au oedd y ddadl honno rhwng Mudiad Adfer a Chymdeithas yr Iaith Gymraeg. Yn dilyn her J.R. Jones yn 1972 fod angen i genedlaetholwyr droi cefn yn llwyr ar Brydeindod a chreu'r 'Gymru Newydd' dechreuodd Emyr Llywelyn anniddigo fel aelod o Gymdeithas yr Iaith gan fod y

85 W.A. Jones, Aberayron, at R. Tudur Jones, 5 Hydref 1972. Ffeil 62, Casgliad R. Tudur Jones, Archifdy Bangor.

86 Cyfweliad gyda Dafydd Iwan, 19 Ionawr 2010

mudiad yn mynnu gofyn 'i'n gelynion i roi i ni ein hawliau.'[87] Yr ateb yn ôl Emyr Llywelyn oedd cefnu ar Brydeindod a chreu cymdeithas uniaith Gymraeg a chanddi ei sefydliadau ei hun yng ngogledd a gorllewin Cymru. Sefydlwyd Mudiad Adfer gyda'i phwyslais felly ar diriogaeth benodedig i'r Cymry Cymraeg gan annog y Cymry i symud i'r 'Fro Gymraeg' ac ymroi yn llwyr i fyw eu bywydau'n uniaith Gymraeg yno. Roedd dwy wedd i Adfer; Mudiad Adfer oedd yn hyrwyddo ei athroniaeth a Chwmni Adfer oedd yn prynu, adnewyddu a gosod eiddo ar rent i Gymry Cymraeg lleol. Pan sefydlwyd Adfer gwelwyd cyd-weithio gyda Chymdeithas yr Iaith, a'r Gymdeithas oedd yn un o brif gyfranddalwyr Cwmni Adfer. Fodd bynnag, daeth hi'n her gynyddol i geisio cysoni pwyslais Adfer ar y 'Fro Gymraeg' ag ymgyrchoedd cenedlaethol Cymdeithas yr Iaith yn rhannol oherwydd bod llawer o aelodaeth ac arweinwyr Cymdeithas yr Iaith wedi eu magu tu allan i'r 'Fro Gymraeg' a llawer ohonynt hefyd yn ddysgwyr.[88]

Nododd Dafydd Iwan, a oedd yn gadeirydd Cymdeithas yr Iaith Gymraeg pan sefydlwyd Adfer, y pryder ynglŷn â'r cyfeiriad amgen a arddelai Adfer dan arweiniad Emyr Llywelyn: 'yn sicr roedd gwrth-Seisnigrwydd yn rhywbeth roeddwn ni'n ei ofni oherwydd roeddwn ni yn ei weld, nid yn Emyr o'r rheidrwydd, ond yn llawer o'i ddilynwyr. Oherwydd mi roedden nhw, yn fy nhyb i beth bynnag, yn troi ymgyrch dros yr iaith yn ymgyrch wrth-Seisnig a negyddol ei natur o ran eu hagwedd... nid oedd y blynyddoedd yna'n flynyddoedd da i'r mudiad...'[89]

Daeth pen-llanw i'r tensiynau yn 1976 pan gyhoeddodd Emyr Llywelyn ei gyfrol *Adfer a'r Fro Gymraeg*,[90] cyfrol o ysgrifau a blediai athroniaeth Adfer ond hefyd a chynigai feirniadaeth hallt o Gymdeithas yr Iaith a Phlaid Cymru. Ei bennaf feirniadaeth o Gymdeithas yr Iaith oedd y duedd i ofyn am hawliau i siaradwyr Cymraeg gan y Wladwriaeth Brydeinig yn hytrach na chymryd y mater i'w dwylo eu hunain er mwyn adfer sefyllfa'r

87 Dyfynnwyd yn Dylan Phillips: *Trwy ddulliau chwyldro...? - Hanes Cymdeithas yr Iaith Gymraeg 1962-1992* (Llandysul: Gwasg Gomer, 1998), 148

88 Ibid., 151

89 Cyfweliad gyda Dafydd Iwan, 19 Ionawr 2010

90 Emyr Llywelyn: *Adfer a'r Fro Gymraeg* (Lerpwl: Cyhoeddiadau Modern Cymreig, 1976)

Gymraeg. Gellid derbyn bod y feirniadaeth hon yn deg gan fod tuedd gan ymgyrchoedd Cymdeithas yr Iaith ar y pryd i alw am statws gyfartal i'r Gymraeg o fewn y drefn bresennol yn hytrach na gweithio i chwyldroi'r drefn yn llwyr. Fodd bynnag, gwelir yn y gyfrol fod y feirniadaeth yn mynd ymhellach nag anghytundeb o ran strategaeth y ddau fudiad. Yn wir, ceir beirniadaeth o natur a chymeriad aelodau Cymdeithas yr Iaith pan feirniadodd hwynt a dweud fod angen 'rhoi diwedd ar yr eistedd tragwyddol mewn tafarn yn disgwyl i ewyn y cwrw a malu awyr i greu chwyldro.'[91] Yna mynnodd mai un o dasgau cyntaf Mudiad Adfer byddai 'cymreigio mudiadau megis Cymdeithas yr Iaith.'[92]

Mae'r gyfrol yn gwireddu dau bwrpas, mae'n cyflwyno athroniaeth Adfer ac mae'n ceisio dangos sut y gellid disgwyl gweld yr athroniaeth ar waith ym mywydau aelodau'r mudiad yn y Fro Gymraeg. Y brif argraff a geir wrth astudio'r gyfrol yw ei bod, drwyddi draw, yn cyflwyno syniadaeth naïf iawn ac nad yw ei mynegiant yn llwyddo i hyrwyddo ei chenadwri gyda'r darllenydd yn effeithiol iawn. Er enghraifft, ceisiodd awdur y gyfrol esbonio ei bod yn haws i Gymry ymdoddi'n Saeson nag ydyw hi i'r 'dyn du' oherwydd 'faint bynnag o sgwrio wnaiff e – mae ei liw yn aros gydag e.'[93] Mewn man arall wrth drafod, a hynny'n ddigon dilys, y pwysigrwydd i genhedloedd fedru hawlio perchnogaeth ar dir penodedig y mae'n dadlau mai'r diffyg yma cyn yr Ail Ryfel Byd a berodd i'r Iddew fod yn 'greadur di-asgwrn-cefn oedd yn fodlon cael ei arwain fel dafad i'r siambr nwy...'[94] Mae'r enghreifftiau hyn yn dangos diffyg cynildeb a diffyg sensitifrwydd Emyr Llywelyn wrth drafod testunau digon dadleuol. Yna wrth geisio dangos sut y byddai athroniaeth Adfer yn gweithio'n ymarferol y mae'r weledigaeth unwaith eto, os nad yn naïf, yn sicr yn ddelfrydgar. Er enghraifft, wrth i awdurdod lleol gau Ysgol y mae'n galw ar i'r Cymry ei hail agor hi'n annibynnol o'r Wladwriaeth.[95] Geilw ar 'Y Cyfamodwyr', aelodau Adfer, i fyw yn ôl cyfamod a oedd, ymysg elfennau eraill, yn galw arnynt i beidio darllen llyfrau Saesneg, i

91 Ibid., 16

92 Ibid., 81

93 Ibid., 22

94 Ibid., 26

95 Ibid., 12

wisgo dillad o gynnyrch a nodwedd Gymreig ac i beidio defnyddio iaith anweddus nac i feddwi, bwyta na smygu'n ormodol.[96] Gellid dadlau fod y math yma o athroniaeth a'r ddisgyblaeth oedd yn dod yn ei sgìl yn ymdebygu i gyfundrefn grefyddol er mai cyflwyno 'mynegiant *gwleidyddol* i'r gri am wreiddiau ac ystyr'[97] oedd y nod. Mae hyn yn ein harwain at drafod naratif athronyddol y gyfrol.

Yn ei ragymadrodd i'r gyfrol dywed Ieuan Wyn mai'r gymdeithas Gymraeg oedd gwrthrych angerdd a breuddwydion y bobl, dyma oedd y grym oedd yn abl i lunio'u delfryd.[98] Dyma gyffwrdd felly ar gysyniad sy'n greiddiol i'r gyfrol sef y gred mai'r gwrthrych yw'r gymdeithas Gymraeg. Parhau gyda'r cywair a osodwyd gan Ieuan Wyn a wnaeth Emyr Llywelyn wrth sôn mai'r Cymry Cymraeg oedd yn meddu 'ar y gwir rym' ac er y gellid eu lladd 'dyna'r unig fuddugoliaeth a gewch chi ar y rhain. Mae eu hysbryd yn rhydd, yn dragwyddol a'u grym yn anorchfygol.'[99] Mewn man arall y mae'n sôn am y Cymry fel y 'dyrnaid gweddill' ac 'etholigion hanes'.[100] Mae'n galw ar y cyfamodwyr i greu Cymru newydd 'wedi ei sylfaenu ar werthoedd uchaf gwareiddiad' ac fe ganfyddir y gwerthoedd yma drwy archwilio 'ei olau mewnol ei hun.'[101] Yna mae'n trafod Cymreictod fel grym 'ysbrydol'. Meddai:

> Ddechrau'r ganrif yma 'roedd Cymreictod yn allu cryf, yn rym ysbrydol. Gosodasoch chi weledigaeth wleidyddol yn lle un ysbrydol, a darganfod heddiw wedi deugain mlynedd nad oes gennych weledigaeth ysbrydol. Dyma paham mae ein hieuenctid heddiw yn ymbalfalu am oleuni ac am arweiniad – am i chi werthu eich genedigaeth fraint a darostwng gweledigaeth ysbrydol i un wleidyddol. Tasg Adfer yw dod nôl â gweledigaeth ysbrydol i genedlaetholdeb Cymreig...[102]

96 Ibid., 56

97 Ibid., 9

98 Ibid.

99 Ibid., 49

100 Ibid., 39

101 Ibid., 56

102 Ibid., 70

Geilw Emyr Llywelyn y sylwedd cyfriniol hwn a berthyn i'r Cymry yn 'eneidfaeth' oherwydd 'mai bwydo enaid dyn a wna. Rwy'n ei alw'n sylwedd ysbrydol am mai ffrwyth ysbryd dyn ydyw – cynnyrch ysbrydoedd y rhai a fu yma o'n blaen.'[103] Mynnai drachefn mai'r 'eneidfaeth' yw'r 'unig gyfiawnhad ac amcan i fodolaeth ein pobl.'[104]

Yr argraff gyffredinol a geir wrth ddadansoddi athroniaeth y gyfrol yw ei bod yn cyflwyno cenedlaetholdeb, fel y dadleuodd Benedict Anderson, sy'n codi mewn ymateb i fachlud neu i ddiffodd fflam systemau crefyddol. Yn ôl Anderson y 'genedl' ddaeth i lenwi'r gwagle neu'r dyhead a lanwyd cynt gan grefydd oherwydd ei syniad o 'barhad'. 'What then was required', meddai Anderson, 'was a secular transformation of fatality into continuity, contingency into meaning... few things were (are) better suited to this end than an idea of nation.'[105] Gellid dadlau fod athroniaeth cyfrol Emyr Llywelyn yn dilysu rhywfaint ar theori Anderson gan ei fod yn honni cynnig 'mynegiant *gwleidyddol* i'r gri am wreiddiau ac ystyr'[106] ond ei fod yn gwneud hynny gyda naratif sy'n llawn rhethreg grefyddol. Perygl amlwg athroniaeth wleidyddol o'r fath yw ei bod yn gwneud y genedl a'r diwylliant yn wrthrych ac yn ganolbwynt y system yn hytrach na'u gosod fel gwrthrychau i Dduw. Er bod Emyr Llywelyn yn rhybuddio mewn un man rhag 'gwneud y chwyldro yn dduw',[107] erys y gwendid athronyddol hwn drwy ei waith. Dyma, yn ei hanfod, a berodd i Tudur Jones ddatgan fod cyfrol Emyr Llywelyn yn un 'rhyfedd a brawychus iawn.'[108]

Adolygodd Tudur Jones y gyfrol yn rhifynnau Ionawr a Chwefror 1977 o'r *Tafod*, cylchgrawn Cymdeithas yr Iaith Gymraeg. Synnwyd Dafydd Iwan i Tudur Jones gamu i mewn i'r ddadl ynghylch agwedd ac ideoleg Adfer ond roedd yn falch hefyd gan i Tudur Jones 'ei chodi hi i lefel

103 Ibid., 87

104 Ibid., 88

105 Benedict Anderson: *Imagined Communities*, New Edition (Llundain: Verso, 2006), 11

106 Emyr Llywelyn: *Adfer a'r Fro Gymraeg* (Lerpwl: Cyhoeddiadau Modern Cymreig, 1976), 9

107 Ibid., 28

108 R. Tudur Jones: 'Cysgod Y Swastika' yn *Tafod*, Ionawr 1977, 10

uwch a dangos fod yna beryglon os ydych chi'n trin bywyd yn ddu a gwyn mewn materion fel yna...' Â ymlaen i nodi ei fod yn 'meddwl bod hi'n bwysig iawn fod y mudiad iaith yn ddigyfaddawd ac eto yn gweld y peth mewn cyd-destun rhyngwladol... roeddwn ni'n meddwl fod Tudur yn ddewr i ddweud yr hyn ddywedodd.'[109]

Fel y tystia'r ymateb i'r adolygiad yn rhifynnau dilynol y *Tafod* profodd yr adolygiad yn ddadleuol iawn. Yr oedd teitl yr adolygiad yn ddigon ymfflamychol sef *Cysgod Y Swastika*, ac yn rhan gyntaf yr erthygl y mae Tudur Jones yn mynd ati i bortreadu ideoleg Emyr Llywelyn ac Adfer fel petai'n addasiad Cymreig o ideoleg Hitler a'r Natsïaid. Noda fod y gyfrol yn llawn adleisiau o athroniaethau tramor Comte, Hegel, Fichte, Schelling ac Alfred Rosenberg cyn mynd ymlaen i nodi i'r traddodiad athronyddol yma 'gyrraedd ei bendraw erchyll yng ngormes y Drydedd Reich'.[110] Canolbwynt beirniadaeth Tudur Jones oedd defnydd Emyr Llywelyn o'r cysyniad o eneidfaeth. Cymdeithas y genedl, yn ôl Emyr Llywelyn, ydy'r man lle llunnir ystyr a lle chanfyddir canllawiau i fywyd. 'Cymru yw'r ysbryd yma a fu'n llifo drwy ddynion cyn fy mod,' meddai.[111]

Dadl Tudur Jones yw bod y pwyslais cyfriniol hwn yn deillio o waith Auguste Comte (1798-1857). Noda fod Comte yn dysgu fod urddas dyn yn dibynnu ar ei gyfraniad i gylch cymdeithasol fel y genedl, sef yr eneidfaeth yng ngwaith Emyr Llywelyn a'r *Volksgeist* yn y traddodiad Almaenig. Fe berthyn y cyswllt hwn rhwng dyn a'i gymdeithas i fyd y teimlad yn hytrach nag i fyd y deall ac felly mae'n rhywbeth ysbrydol a chyfriniol. Adnabu Tudur Jones y math hwn o syniadaeth yng ngwaith D. Miall Edwards pan ddywedodd: 'Mater feddyleg yw cenedlaetholdeb, – ymdeimlad mewnol mewn llu o unigolion eu bod yn aelodau o'r un corff, ymwybyddiaeth gyffredin yn gwneuthur y llawer yn un... Gellir edrych ar genedl fel math ar uwch-bersonoliaeth.'[112] Ym mhennod agoriadol *The Desire of Nations* y mae Tudur Jones yn gosod D. Miall Edwards, fel

109 Cyfweliad gyda Dafydd Iwan, 19 Ionawr 2010

110 R. Tudur Jones: 'Cysgod Y Swastika' yn *Tafod*, Ionawr 1977, 10

111 Emyr Llywelyn: *Adfer a'r Fro Gymraeg* (Lerpwl: Cyhoeddiadau Modern Cymreig, 1976), 88

112 D. Miall Edwards: *Iaith a Diwylliant* (Dolgellau, 1927), 36

Emyr Llywelyn, yn nhraddodiad Idealaeth Almaenig.[113] Ond rhaid cofio fod Miall Edwards yn ysgrifennu cyn i'r Natsïaid ddod i rym ac felly ni allai fod wedi rhagweld rhai o beryglon Idealaeth Almaenig. Wrth i Emyr Llywelyn sôn am y 'moldio yma ar lefel dyfnaf ein hisymwybod'[114] tybiodd Tudur Jones ei fod yn 'ffoi i afresymedd byd y teimlad,'[115] neu'r hyn a eilw ef wrth drafod Miall Edwards yr 'irrational realm',[116] beirniadaeth annheg wrth gofio fod rheswm, yn ogystal â theimlad a phrofiad, yn bwysig i Miall Edwards. Serch hynny, dadleua Tudur Jones fod y syniad yma am eneidfaeth yn 'allweddol bwysig' i ddeall dadl Emyr Llywelyn oherwydd 'trwy gymorth yr eneidfaeth y gellir gwahaniaethu Cymry ffug oddi wrth Gymry iawn.'[117]

Mae Tudur Jones yn gweld methiant Emyr Llywelyn i ddiffinio ac esbonio beth yn union yw natur yr eneidfaeth yn wendid mawr oherwydd drwy drafod y cyfan yn nhermau cyfriniol cyhudda Emyr Llywelyn o hunan-apwyntio'i hun yn ddehonglwr yr eneidfaeth. 'Mae'n eithriadol bwysig felly inni wybod,' medd Tudur Jones, 'o ba ddefnyddiau y gwnaethpwyd yr eneidfaeth. Ond ofer holi. Ni ddatgelir y gyfrinach. Emyr Llywelyn yn unig a ŵyr beth yn union ydyw. Mae'n rhy gyfriniol i'w fynegi mewn geiriau.'[118] Er enghraifft, pa fath ddiwylliant sy'n dderbyniol yn ôl safonau'r eneidfaeth? 'Dim ond yr hyn sy'n gywir ac yn unol â'n traddodiad a'n hanes sydd yn dderbyniol yn y Fro Gymraeg'[119] medd Emyr Llywelyn. Unwaith eto gofidia Tudur Jones fod y fath rhethreg yn adleisio elfennau o bolisi diwylliant y Natsïaid a oedd ond yn caniatáu'r math ddiwylliant a fuasai'n dderbyniol yng ngolwg y *Führer*.

Daw rhan gyntaf yr adolygiad i'w therfyn wrth i Tudur Jones ddatgan

113 R. Tudur Jones: *The Desire of Nations* (Llandybie: Christopher Davies, 1974), 7-8

114 Emyr Llywelyn: *Adfer a'r Fro Gymraeg* (Lerpwl: Cyhoeddiadau Modern Cymreig, 1976), 88

115 R. Tudur Jones: 'Cysgod Y Swastika' yn *Tafod*, Ionawr 1977, 10

116 R. Tudur Jones: *The Desire of Nations* (Llandybie: Christopher Davies, 1974), 8

117 R. Tudur Jones: 'Cysgod Y Swastika' yn *Tafod*, Ionawr 1977, 10

118 Ibid.

119 Emyr Llywelyn: *Adfer a'r Fro Gymraeg* (Lerpwl: Cyhoeddiadau Modern Cymreig, 1976), 94

fod y ddysgeidiaeth gan Emyr Llywelyn yn 'ergyd hyd at y gwreiddyn i Gristnogaeth,'[120] gan esbonio y bydd yn mynd ar ôl y trywydd hwnnw yn yr ail ran. Ond cyn iddo gael cyfle i barhau â'r adolygiad ymddangosodd nifer o ymatebion ar dudalennau gohebiaeth y *Tafod*. Daw'r ymateb manylaf oddi wrth Ieuan Wyn, un arall o arweinwyr blaenllaw Adfer ac awdur rhagair y gyfrol. Dadleua Ieuan Wyn fod Tudur Jones wedi mynd ati'n 'amlwg-fwriadol i uniaethu athroniaeth Adfer â chredo'r Natsïaid.' Roedd Emyr Llywelyn yn athro ysgol ar y pryd ac felly roedd cael ffigwr blaenllaw fel Tudur Jones yn ei gyhuddo o ddal safbwyntiau ffasgaidd yn ei roi mewn sefyllfa neilltuol anodd. Cyhuddodd Ieuan Wyn Tudur Jones o 'dwyll-ymresymiad' wrth iddo honni ei fod wedi canfod rhai elfennau tebyg rhwng athroniaeth Adfer a Natsïaeth a dod i'r casgliad anghywir fod athroniaeth Adfer a Natsïaeth yr un peth. Cydnabu Ieuan Wyn bod modd tynnu cymhariaeth rhwng yr eneidfaeth yng ngwaith Emyr Llewelyn a'r syniad am *Volksgeist* o'r Almaen, ond mynnai mai'r un mor hawdd y gellid tynnu cymhariaeth rhwng yr eneidfaeth a'r cysyniad o 'undod ysbrydol pobl' yng ngwaith Gandhi. Â Ieuan Wyn ymlaen i gynnig rhestr o ddyfyniadau o weithiau Zimmern, D.J. Williams, O.M. Edwards, Waldo Williams a J.R. Jones a'r cyfan oll yn ymwneud â diffiniadau o'r hyn ydyw cenedl sydd ddim yn annhebyg i'r ymdriniaeth a gyflwyna Emyr Llywelyn. Hynny yw, yr hyn y mae Ieuan Wyn yn ei ddadlau yw bod Tudur Jones yn euog o ddyfynnu'n ddewisol yn ei ymgais i droi cysyniad Emyr Llywelyn o eneidfaeth yn rhywbeth gwahanol i'r hyn a fwriadodd iddo fod mewn gwirionedd.[121] Daw ymateb Ieuan Wyn i'w therfyn drwy ddatgan fod y '...gair Natsïaeth yn drewi yn ffroenau pob dyn gwâr, ac anghyfrifoldeb o'r mwyaf ar ran Tudur Jones fu ceisio, heb unrhyw sail athronyddol, gysylltu Adfer â'r fath erchyllbeth. Creulon fu ei ymosodiad ar Emyr Llywelyn, un o ddisgyblion disgleiriaf Waldo, a thrwy hynny, gwnaeth anghymwynas fawr ag ef ei hun.'[122]

Yr hyn a berodd syndod i Siân Wyn Siencyn oedd y ffaith fod Tudur Jones wedi ymosod mor giaidd ar Emyr Llywelyn: 'Bu'n beth cyffredin,'

120 R. Tudur Jones: 'Cysgod Y Swastika' yn *Tafod*, Ionawr 1977, 11

121 Ieuan Wyn: 'Ateb Adfer – Pardduo di-sail' yn *Tafod*, Chwefror 1977, 14

122 Ibid., 15

meddai, 'i fyfyrwyr Cymraeg yn Aberystwyth gael eu galw'n "Fascists, Racists, Nazis",' ond yn ei thyb 'fe ddylai'r Prifathro R. Tudur Jones wybod yn well nag ymroi i'r fath sterics bâs ac anaeddfed.' Noda fod beirniadaeth greadigol a deallus ar syniadaeth ac athroniaeth cenedlaetholdeb yn beth i'w groesawu ond 'ni ddaw dim o ffanaticiaid y ffordd ganol,' y bobl sydd yn 'adweithio'n ffiaidd yn erbyn pob her i'w hanffaeledigrwydd.'[123] Adolygiad a wnaeth anghymwynas, nid yn unig ag Emyr Llywelyn, ond hefyd a Tudur Jones ei hun ydoedd yn ôl Robert Rhys, golygydd yr *Adferwr* ar y pryd: 'A dyna daflu amheuaeth ar anrhydedd a diffuantrwydd R. Tudur Jones fel dyn ... wedi colli'i hunan-barch wrth geisio llofruddio cymeriad un arall.'[124]

Yn ail ran ei adolygiad y mae Tudur Jones yn canolbwyntio ar ddwy agwedd o waith Emyr Llywelyn, sef ei athroniaeth ar gyfraith a hefyd yr hyn a wêl fel cyfundrefn athronyddol sydd, yn ei chrynswth, yn anghristnogol. Esbonia fod Emyr Llywelyn yn gwadu'r cysyniad fod y fath beth â chyfiawnder cyffredinol a bod pob cyfraith a chysyniad o gyfiawnder felly'n berthynol i'w gyd-destun ac i'r bobl a'i lluniodd.[125] 'Nid oes dim dichon i gyfraith un bobl fyth fod yn gyfiawn i bobl arall'[126] medd Emyr Llywelyn. Dadl Tudur Jones yw bod llunio cyfraith ar sail gwerth y gymdeithas honno a heb roi lle i gyfiawnder cyffredinol yn peryglu rhyddid yr unigolyn. 'Swyddogaeth cyfraith', medd Emyr Llywelyn, 'yw amddiffyn a diogelu gwerthoedd cymdeithas', ac os yw hi'n gwneud hynny, nid oes herio i fod arni. Yn y fan honno y mae'r cynsail yn un beryglus yn nhyb Tudur Jones:

> Canys nid oes cyfiawnder amgenach na'r cyfiawnder sy'n tyfu'n hanesyddol o draddodiad cenedl. Os traddodiad cenedl yw dienyddio pawb sy'n cyrraedd ei ben-blwydd yn bedwar ugain oed, ofer cwyno. Dyma'r eneidfaeth yn ei ddeddfu. Ac nid yw hwnnw byth yn methu.[127]

123 Gohebiaeth gan Siân Wyn Siencyn yn *Tafod*, Chwefror 1977, 6

124 Robert Rhys: 'Dan Gysgod Gwilym Davies' yn *Yr Adferwr*, Chwefror 1977

125 R. Tudur Jones: 'Cysgod Y Swastika – Rhan 2' yn *Tafod*, Chwefror 1977, 6

126 Emyr Llywelyn: *Adfer a'r Fro Gymraeg* (Lerpwl: Cyhoeddiadau Modern Cymreig, 1976), 97

127 R. Tudur Jones: 'Cysgod Y Swastika – Rhan 2' yn *Tafod*, Chwefror 1977, 6

Â Tudur Jones ymlaen i nodi sut y gwnaeth Saunders Lewis, yn llys Caernarfon ac yn ystod achos llosgi'r Ysgol Fomio, apelio at ddeddf uwch na deddf Lloegr. Hynny yw, y gydnabyddiaeth Gristnogol nad yw deddfau dynion yn absoliwt. Ac er i Emyr Llywelyn nodi ei fod yn mynnu i'w ddilynwyr 'ufuddhau i ddeddfau uwch na deddfau Lloegr', noda Tudur Jones ei fod yn cloffi drwy fynd ymlaen i nodi mai'r deddfau uwch hynny y mae'n eu deisyfu yw 'arferion a gwerthoedd ein pobl', y Cymry. Yn nhyb Tudur Jones y mae siarad am ddeddfau 'uwch' ac 'is' yn anghywir gan fod y naill a'r llall yn ffrwyth cynnyrch dynol.[128]

Dywed fod athroniaeth Emyr Llywelyn yn fygythiad difrifol 'i degwch cyfreithiol, i ryddid personol ac i ddemocratiaeth' oherwydd bod y ddysgeidiaeth 'wedi'i hanelu at galon Cristnogaeth.' Â Tudur Jones ymlaen i ddadlau fod y ddysgeidiaeth yn 'euog o'r cabledd eithaf' ac iddi gymryd 'agwedd ar y cread a'i ddwyfoli gan dorri'r gorchymyn cyntaf'. Hanfod dadl Tudur Jones yw bod Emyr Llywelyn wedi gosod y gymdeithas – cenedl y Cymry – a'i diwylliant ar orsedd Duw. Meddai:

> Honnir pethau syfrdanol am yr "eneidfaeth" a gynhyrchir ganddi. Mae'r enw ei hun yn gableddus. Ers pa bryd y mae cynnyrch athrylith dyn yn fwyd enaid? Mae'n werth sylwi ar yr hyn a briodolir i'r eneidfaeth. Mae'n "trawsnewid ein chwantau hunanol yn werthoedd"; ef yw'r "unig gyfiawnhad ac amcan i fodolaeth ein pobl"; ef yw'r "gwerthfawrogaf o drysorau dynion" (tud. 88); ef sy'n rhoi "gorffwystra i'n heneidiau"; ef sy'n "adfer enaid dyn"; hebddo "mae dyn ar goll mewn ehangder gwallgof, yn grwydryn corfforol ac yn bererin ysbrydol" (tud. 89); trwyddo ef "achubir dyn o gaethwasiaeth a llygredigaeth" (tud. 91).[129]

Yn wyneb y dystiolaeth a rydd Tudur Jones o waith Emyr Llywelyn noda fod yr eneidfaeth wedi dwyn holl waith yr Iawn a bod 'Crist wedi'i ysbeilio o'i swydd.... Daw pob datguddiad angenrheidiol ar gyfer ein hachubiaeth o draddodiad oesol ein cenedl. Pa angen i Dduw ymddatguddio mwyach? Pa angen i'r Gair ddyfod yn gnawd?'[130]

128 Ibid.

129 Ibid., 7

130 Ibid.

Ymddengys mai hanfod dadl Tudur Jones yw bod Emyr Llywelyn yn drwm dan ddylanwad Rhamantiaeth Ewropeaidd, yn arbennig felly traddodiad Johann Gottfried von Herder, un o Ramantwyr yr Almaen. Yn ei waith mae Herder yn sôn am y *geist*, ysbryd cenedlaethol, ac enaid y genedl. Wrth gyfeirio at 'genedl' golyga Herder endid organig, sosio-seicolegol sy'n meddu iaith, tir, crefydd a diwylliant unigryw ei hun.[131] Credai fod y diwylliant a gysylltai pobl â'i gilydd yn ffurf ar ynni byw sy'n tarddu o'r tu fewn, yn gof a sentiment cyffredin, sydd dros amser yn ffurfio un enaid cyffredin i'r bobl.[132] Ehangwyd ar y syniadau yma gan Fichte, Almaenwr arall, a gyflwynodd ddiffiniad diwylliannol o genhedloedd ar sail clymau cynhenid iaith. Ernest Renan a ddywedodd gyntaf yn 1882 na ddylid rhoi hil neu iaith fel sail cenedlaetholdeb ac mai tri gofyniad sydd ei angen i fodolaeth cenedl; etifeddiaeth gyffredin o gof cenedl a'r deisyfiad i fyw gyda'i gilydd a hefyd dyhead i'r genedl barhau. Ar ôl y Chwyldro Ffrengig datblygodd y gwrthgyferbyniad rhwng synnwyr gwirfoddol, goddrychol cenedlaetholdeb, fel Mazzini, a bodolaeth wrthrychol, organaidd cenedl a ddiffiniodd yr Almaenwyr. Y genhedlaeth gyntaf o Ramantwyr yn yr Almaen oedd y *Frühromantik* a oedd yn ymateb i'w sefyllfa o weld eu cenedl ar wasgar. Ar y pryd, clwstwr o wledydd bach a rannai'r un iaith a diwylliant oedd yr Almaen. Yn ôl un ysgolhaig, 'the spiritual, cultural-intellectual sphere becomes an alternative unifying homeland; the social imaginary gained weight and was endowed with additional reality.'[133]

Felly, gellid deall dadl Tudur Jones fod gwaith ac athroniaeth Emyr Llywelyn a'r Adferwyr yn sefyll yn nhraddodiad rhamantwyr cenedlaetholgar yr Almaen. Yn sicr y mae tebygrwydd yn eu syniadaeth. Fodd bynnag, amheus iawn yw'r dystiolaeth i gyfiawnhau'r honiad fod Emyr Llywelyn yn arddel safbwyntiau ffasgaidd a bod arlliw Natsiaidd ar Fudiad Adfer. Roedd Tudur Jones yn gywir i nodi mai Idealaeth Almaenig oedd ffynhonnell athronyddol Natsïaeth; ond gellid dadlau fod praffter

131 Athena Leoussi (gol.): *Encyclopedia of Nationalism* (New Jersey: Transaction Publishers, 2001), 121

132 Paul Lawrence: *Nationalism: History and Theory* (Harlow: Pearson, 2005), 4

133 Angela Esterhammer (gol.): *Romantic Poetry* (Amsterdam a Philadelphia: Benjamins, 2002), 252-3

ei ddadansoddi wedi'i lygru a'i danseilio gan ymfflamychedd ei fynegiant wrth adolygu'r gyfrol. Yn hytrach na thrafod gwendid athroniaeth Emyr Llywelyn a rhybuddio'r darllenwyr o eithafiaeth posib systemau athroniaethol o'r fath, mynnodd fynd ati'n syth i daflu cyhuddiadau o Natsïaeth a ffasgaeth at Emyr Llywelyn ac Adfer.

Er nad oedd Herder a rhamantwyr eraill yr Almaen yn uniongyrchol gyfrifol am y Ffasgiaeth a ddechreuodd amlygu ei hun yn y 1930au, byddai Tudur Jones yn dadlau bod y gwraidd deallusol i'w ganfod yno. Mae'r syniad rhamantaidd am y *geist* yn ysbryd y genedl yn atgas i Tudur Jones gan ei fod yn syrthio i gyfeiriad dwyfoli'r genedl. Penllanw'r datblygiad a'r syniad hwn o weld y geist – yr Ysbryd – ym mhethau daearol fel y genedl oedd dyfodiad Natsïaeth. Plentyn siawns rhamantiaeth Almaenig, gellid dadlau, oedd Natsïaeth. Hynny yw, ni allai Herder a'i gyfoeswyr fod wedi rhagdybio y byddai eu hathroniaeth yn sylfaen i erchylltra Natsïaeth. Felly mae'n rhaid darllen adolygiad Tudur Jones o gyfrol Emyr Llywelyn fel rhyw fath o rybudd y gallai'r math o genedlaetholdeb a hyrwyddwyd gan Adfer ddod yn bwerus a chael ei wyrdroi yng Nghymru mewn modd nid annhebyg i'r hyn a ddigwyddodd yn yr Almaen.

Ond y mae'r ddadl hon hefyd yn dangos sut yr oedd y mudiad cenedlaethol ar groesffordd ddeallusol. Yma yr oedd Tudur Jones yn cynrychioli'r gydwybod Gristnogol oedd yn gweld y genedl a chenedlaetholdeb yn bwysig, ond mewn cyd-destun lle'r oedd y genedl, yn y diwedd, yn ddarostyngedig i benarglwyddiaeth Duw. Ymddengys i hyn gael ei gymryd yn ganiataol, ar y cyfan, ers diwedd y bedwaredd ganrif ar bymtheg hyd at y 1970au. Ond yng nghyfrol Emyr Llywelyn gwelsai Tudur Jones genedlaetholdeb a darddai o draddodiad estron, dra gwahanol. Yr oedd Tudur Jones yn gyfforddus yn cyd-weithio â chenedlaetholwyr oedd yn arddel safbwyntiau diwinyddol gwahanol iddo ac roedd hefyd yn cyd-weithio â chenedlaetholwyr cwbl secwlar. Ond yn athroniaeth cyfrol Emyr Llywelyn cyflwynwyd syniadau nad oedd yn Gristnogol nac yn secwlar chwaith. Yn sicr, roedd yna barhau i sôn am elfennau ysbrydol ond gwnaed hynny o fewn cyfundrefn athronyddol nad oedd yn Gristnogol.

Fodd bynnag, er mai diwinyddiaeth a ffydd oedd sail dadl Tudur Jones yn yr adolygiadau y realiti yw nad felly y'u dehonglwyd gan aelodau Adfer. Gwelsant yr adolygiadau damniol fel rhan o ymosod ar Fudiad Adfer a'r cysyniad o Fro Gymraeg a hefyd fel ymosodiad personol ciaidd ar Emyr Llywelyn ei hun. Dehonglwyd yr adolygiad, yn gam neu'n gymwys, fel ymosodiad gan un o ddynion Plaid Cymru a Chymdeithas yr Iaith, adain chwith y mudiad cenedlaethol, ar genedlaetholwyr adain dde.

Dichon fod gan Tudur Jones ryw agenda gwleidyddol yn ogystal â syniadaethol mewn golwg wrth iddo gyflwyno barn mor ddi-flewyn-ar-dafod oherwydd i Gwynfor Evans rannu mewn gohebiaeth bersonol gyda Tudur Jones fod '...rhai yn anfodlon bod mynegi gwahaniaeth barn fel hyn ymhlith cenedlaetholwyr', ond fod yn 'rhaid clirio'r awyr.' Mynegodd Gwynfor Evans y gobaith 'y bydd Emyr a'r lleill yn fwy gofalus wrth lefaru yn y dyfodol.'[134] Ond pan dderbyniodd Tudur Jones gais gan Wasg Gomer yn 1981 i gyfieithu'r adolygiad i'w chynnwys mewn pecyn addysgol am hunaniaeth Gymreig mynegodd elfen o siom gydag ef ei hun. 'I am not sure', meddai, 'whether I am happy to see this old controversy revived. My two articles all but destroyed Emyr Llewelyn – and it certainly put paid to Adfer.' Noda hefyd ei fod yn gresynu fod ei adolygiad wedi llesteirio ymgyrchoedd Adfer, rai ohonynt yr oedd ef mewn gwirionedd yn eu cefnogi. Meddai; 'I regret now that I did not make it clearer at the time that many of the practical aims of Adfer were laudable enough and that what I objected to was the attempt to justify its actions by a pernicious philosophy.'[135]

Gwelir bod syniadaeth a gwerthoedd Cristnogol Tudur Jones am genedlaetholdeb wedi cael gryn ddylanwad ac effaith ar ei weithgarwch gwleidyddol. Dadleuir hyn ar sail y pwyslais a roddai ar y genedl a phob sefydliad gwleidyddol o'i heiddo fel pethau'r byd sy'n ddarostyngedig i benarglwyddiaeth Crist. Amlygwyd hyn yn y modd y trafododd y cysyniad o ryddid i Gymru yng ngoleuni'r ddeddf foesol a darddai o'i

134 Gwynfor Evans at R. Tudur Jones, 16 Chwefror 1977. Ffeil 66, Casgliad R. Tudur Jones, Archifdy Bangor.

135 R. Tudur Jones at W.T.R. Pryce, Gorffennaf 1981. Ffeil 71, Casgliad R. Tudur Jones, Archifdy Bangor.

argyhoeddiad Cristnogol. Hefyd yn ei barodrwydd i ymroi i ymgyrchoedd tor-cyfraith lle heriodd bwerau a deddfau daearol a oedd, yn ei dyb ef, yn atal gweithredu trefn a bwriad Duw ar gyfer cenedl y Cymry. Ac yn olaf, yn ei ddadl gydag Emyr Llywelyn gwelwn ef yn beirniadu'n ddidrugaredd gyfundrefn athronyddol nas adeiladwyd ar seiliau Cristnogol ac a oedd felly yn agored i lithro i gyfeiriad gwneud eilun o'r genedl a'r diwylliant Cymraeg.

Pennod 5

Cenedl Gristnogol R. Tudur Jones

Yng nghyfrolau *Ffydd ac Argyfwng Cenedl* a'r ysgrif estynedig *Byw yn y Dyddiau Diwethaf* y gwelir cliriaf sut yr oedd R. Tudur Jones yn gweld a deall y berthynas rhwng ffydd a diwylliant Cymru. Mae'r ddadl a gyflwynir ganddo yn y ddwy ffynhonnell yma yn ein harwain at sawl agwedd arall o'i syniadaeth ac felly maent yn weithiau creiddiol wrth geisio datgloi byd olwg Tudur Jones. Wrth adolygu cyfrol gyntaf *Ffydd ac Argyfwng Cenedl* yn *Y Traethodydd* dywedodd Harri Williams ei bod yn gyfrol a ddangosai 'ffrwyth myfyrdod dwfn ar orffennol a phresennol ein gwlad' gan ychwanegu fod yr awdur yn ei ymdriniaeth o'i bwnc yn dangos 'consyrn proffwydol' dros Gymru a'i phobl.[1] Agorodd Tudur Jones y gyfrol gyda'r gosodiad dadleuol mai gwlad Gristnogol oedd Cymru yn 1890. Y mae'r gyfrol, ynghyd â'r un a'i dilynodd, yn dehongli hanes cenedl, neu gyfnod penodol o'r hanes hwnnw, o'r persbectif hwnnw a gyfeirir ato gan yr awdur fel y 'meddwl Cymreig.' Byd olwg oedd y 'meddwl Cymreig' a oedd wedi'i seilio ar y gred fod Duw yn ei Ras wedi ymwneud â dyn drwy holl benodau hanes – y creu, y cwymp, yr achub a'r adferiad – a bod sylweddoli a gwerthfawrogi hynny'n ei ysbrydoli i greu a chynnal diwylliant. Y gyfundrefn sylfaenol Galfinaidd hon, meddai Tudur Jones, a gyfrannodd fwyaf i ffurfio'r Gymru fodern hyd at 1850.[2]

1 Harri Williams: 'Adolygiad o Ffydd ac Argyfwng Cenedl, Cyfrol 1' yn *Y Traethodydd*, Cyf. CXXXVII, 582, (1982), 40

2 R. Tudur Jones: *Ffydd ac Argyfwng Cenedl – Hanes Crefydd yng Nghymru 1890-1914, Cyfrol* 2 (Abertawe: Gwasg John Penry, 1982), 48

Dadleuodd Tudur Jones fod y ffydd Gristnogol a diwylliant y Cymry ar ddiwedd y bedwaredd ganrif ar bymtheg wedi ymblethu i'w gilydd i'r fath raddau fel eu bod 'mor glos fel na allai dewin ddweud i sicrwydd lle gorweddai'r ffin rhyngddynt'.[3] Diwinyddiaeth a chredoau Cristnogol, medd Tudur Jones, a luniai ragdybiau pobl Cymru yn ogystal â bod yn wrthrych eu gobeithion a phrif sylwedd eu diwylliant. Serch hynny, y mae'r awdur hefyd yn awgrymu bod argyfwng ysbrydol a diwylliannol Cymru'r 1970au â'i gwreiddiau yn niwylliant a diwinyddiaeth Gristnogol diwedd y bedwaredd ganrif ar bymtheg. Felly, nid rhyw oes aur ddilychwin a oedd yn rhydd o unrhyw feirniadaeth oedd Cenedl Gristnogol Cymry'r 1890 iddo.

Esboniodd mai rôl yr hanesydd yw ceisio asesu a gwerthuso sut y bu i bobl lunio'u diwylliant ar sail y deunydd crai a oedd ar gael iddynt a'r byd olwg yr oeddent yn ceisio'i hyrwyddo. Mynnai'r awdur mai gwrthrych ffydd pobl sy'n bennaf gyfrifol am y math o ddiwylliant y maen nhw'n ei greu boed hynny'n ddiwylliant hardd neu'n ddiwylliant hagr. Wynebai Cymry ddiwedd y bedwaredd ganrif ar bymtheg, yn ôl Tudur Jones, ddau ddewis. Ar y naill law yr oedd ganddynt y cyfle neu'r dewis i lynu wrth y 'meddwl Cymreig' gan adael i'r byd olwg hwnnw lunio'u diwylliant am y ganrif ddilynol, neu ar y llaw arall gallent ddewis ymbellhau oddi wrth y 'meddwl Cymreig' gan roi lle i fyd olwg a oedd yn newydd ac estron i'r diwylliant Cymraeg ddylanwadu ar ei thaith o hynny ymlaen. Yn wir, daw'r ail gyfrol i'w therfyn wrth i Tudur Jones haeru fod y Cymry, ar y cyfan, wedi ymwrthod â'r 'meddwl Cymreig' a bod hynny wedi cael effaith ddifäol ar genedl y Cymry ac nid yn unig o safbwynt ffydd, ond hefyd o safbwynt iaith a diwylliant. Ac yng nghyd-destun y dehongliad hwn o berthynas ffydd a diwylliant a'r modd y mae'r berthynas honno'n gallu dylanwadu ar dynged cenedl, y gallwn drafod ymhellach syniadaeth Tudur Jones ei hun ar y pwnc.

3 R. Tudur Jones: *Ffydd ac Argyfwng Cenedl – Hanes Crefydd yng Nghymru 1890-1914, Cyfrol 1* (Abertawe: Gwasg John Penry, 1981), 17

Y Meddwl Cymreig

I Tudur Jones bu dylanwad Cristnogaeth ar hanes Cymru, ei diwylliant a datblygiad yr ymwybyddiaeth genedlaethol yn un sylweddol ac arwyddocaol iawn. Bu'r dylanwad mor sylweddol meddai fel bod y berthynas rhwng Cristnogaeth a'r genedl erbyn diwedd y bedwaredd ganrif ar bymtheg mor agos fel y gellid yn hawdd disgrifio'r genedl fel cenedl Gristnogol Cymraeg. Nid yn gymaint fod yr holl Gymry, na hyd yn oed y mwyafrif ohonynt, o angenrheidrwydd yn arddel ffydd yn Iesu Grist, ond yn hytrach bod diwylliant y Cymry wedi'i lunio gan ragdybiaethau Cristnogol i'r fath raddau fel yr oedd 'bod yn Gymro o fewn trwch blewyn i fod gyfystyr â bod yn Gristion, o leiaf mewn enw'.[4]

Dadleuodd Tudur Jones mai'r ddau ddylanwad arwyddocaol a roddai ruddin neu ansawdd mor neilltuol i'r traddodiad ymneilltuol Cymreig oedd dylanwadau y traddodiad diwygiedig, y gellid ei olrhain yn ôl i Genefa, a dylanwad y traddodiad diwygiadol a'i gynyrfiadau Pentecostalaidd a charismatig. Roedd 'naws arbennig Ymneilltuaeth Cymru' meddai, 'yn ffrwyth yr ymblethu rhwng y ddau'.[5] Pan brofwyd cydbwysedd briodol rhwng y diwygiedig a'i hathrawiaeth gadarn, a'r diwygiadol a chynhesrwydd eu profiad, roedd yr eglwys Gristnogol yn rym daionus yn y tir gan greu amgylchedd i'r traddodiad Cristnogol ffynnu fel magwrfa diwylliant y genedl. Pan gollid y cydbwysedd rhwng y ddau ddylanwad, yn ôl Tudur Jones, byddai'r meddwl Cymreig yn colli golwg ar y datguddiad dwyfol gan roi rwydd hynt i benrhyddid profiad a theimladau goddrychol dyn: byddai hynny, yn ei dro'n esgor yn gyntaf ar argyfwng ysbrydol ac yna ar argyfwng diwylliannol.

Gan fod Tudur Jones yn mynnu fod diwylliant dyn yn cael ei amodi gan ffydd, credai fod dyn, yn ei ymwneud diwylliannol, yn uniongyrchol gyfrifol i Dduw ac nid yn anuniongyrchol drwy'r eglwys na'r wladwriaeth – Duw yw'r gwrthrych. Dadleuodd fod y ddealltwriaeth hon am

4 R. Tudur Jones: *Ffydd ac Argyfwng Cenedl – Hanes Crefydd yng Nghymru 1890-1914, Cyfrol 2* (Abertawe: Gwasg John Penry, 1982), 278

5 R. Tudur Jones: *Ffydd ac Argyfwng Cenedl – Hanes Crefydd yng Nghymru 1890-1914, Cyfrol 1* (Abertawe: Gwasg John Penry, 1981), 54

Benarglwyddiaeth uniongyrchol Duw dros bob agwedd o'r cread yn deillio o'r traddodiad Calfinaidd ac mai'r athrawiaeth hon oedd cefnlen y dadleuon hynny ynghylch perthynas cenedl, diwylliant ac eglwys yn ystod dadl datgysylltu'r Eglwys Wladol. Meddai:

> Gyda rhagdybiau o'r math yma, mynnai'r Ymneilltuwyr ddatod cwlwm rhwng un enwad neilltuol a'r wladwriaeth. Iddynt hwy, y mae'r wladwriaeth yn mynegi ei hufudd-dod i ordeiniadau Duw trwy ym-gyfyngu i'w maes priod, sef cynnal trefn gyfiawn. Drysu ordeiniadau Duw y mae hi wrth geisio gwneud gwaith eglwys a gorfodi cred enwad neilltuol ar y dinasyddion oll. Gwladwriaeth gyfiawn, ond seciwlar, yw'r math gwladwriaeth y mae'n briodol i Gristnogion ei harddel.[6]

Yn ei dyb ef, nid 'undod diwnïad rhwng eglwys a gwladwriaeth' yw'r genedl ond yn hytrach 'cymdeithas o gymdeithasau' gyda'r wladwriaeth yn gwasanaethu holl gymdeithasau'r genedl yn ddi-wahân. Penllanw delfryd yr athrawiaeth hon, meddai, yw gwladwriaeth gyfiawn secwlar (hynny yw, gwir secwlar, sy'n gwarantu rhyddid crefyddol ac nid gwladwriaeth sy'n hyrwyddo rhagdybiaethau gwrth-grefyddol) sy'n parchu rhyddid yr eglwys a hithau yn ei thro'n ymwrthod â cheisio rhyw fath o oruchafiaeth drwy ymgysylltu'n ffurfiol â'r wladwriaeth fel y gwnaethai'r eglwys wladol.[7]

Dangosodd Tudur Jones sut y bu un o athrawiaethau mawr y Diwygiad Protestannaidd, sef *sola scriptura*, yn ddylanwad ffurfiannol bwysig ar y traddodiad Cymreig oherwydd ei bwyslais ar y Beibl ac i ddylanwad y Beibl ddylanwadu wedyn ar y ffordd yr oedd y Cymry yn gweld a chreu eu diwylliant. Er bod diwinyddiaeth yn angenrheidiol i ddeall cynnwys y datguddiad dwyfol rhaid oedd wrth gyfrwng neu 'lusern' i oleuo'r ddiwinyddiaeth honno, a'r cyfrwng hwnnw oedd y Beibl. 'Mae credu'r Datguddiad Dwyfol', meddai 'a dilyn yn ffyddiog y goleuni a gyfrennir gan y Beibl yn hanfodol i'r diwinydd sydd am wneud ei waith yn gywir.'[8]

---

6 R. Tudur Jones: *Ffydd ac Argyfwng Cenedl – Hanes Crefydd yng Nghymru 1890-1914, Cyfrol* 2 (Abertawe: Gwasg John Penry, 1982), 233

7 Ibid., 232-233

8 Ibid., 45

Hynny yw, nid syniadau ac athrawiaeth am y Beibl oedd y dylanwad mwyaf ar y Cymry ond yn hytrach y Beibl ei hun. Yn ystod yr adegau hynny pan ystyriodd y Cymry fod gan y Beibl awdurdod gwrthrychol, rhoddai arweiniad iddynt ar berthynas ffydd a diwylliant. Ond yn ystod y cyfnodau hynny pryd esgeuluswyd awdurdod gwrthrychol y Beibl fe'i diorseddwyd gan deimladau goddrychol yr unigolyn a fynnai ysgaru ffydd a diwylliant a'u neilltuo i'r byd personol a phreifat yn unig. Wrth i awdurdod gwrthrychol y Beibl gilio ymysg y Cymry, dywedodd Tudur Jones ei fod yn:

> ... peidio â bod yn gynsail bywyd a meddwl Cristnogion yng nghyfanrwydd eu bodolaeth. O wadu ei awdurdod mewn materion hanesyddol, ffisegol a gwyddonol, yr oedd yn ofer chwilio am arweiniad ynddo ar berthynas ffydd a diwylliant. Os oedd yn bosibl anwybyddu ei honiadau ynglŷn â hanes y gorffennol, yna ni ddylid disgwyl iddo fwrw goleuni ar ymwneud Duw â hanes Cymru ym 1900 chwaith. Os llyfr yn ymwneud yn unig â phrofiadau ysbrydol â gwerthoedd personol ydyw, yna mae'r Ffydd Gristnogol yn mynd yn rhywbeth hollol breifat. Ac os oedd pobl am arweiniad mewn meysydd gwleidyddol a diwylliannol, rhaid iddynt chwilio amdano yn rhywle heblaw'r Beibl.[9]

Yn ei gyfrol *Yr Ysbryd Glân* cyflwynodd Tudur Jones ddehongliad Beiblaidd, sydd hefyd yn amlygu ei gred bersonol, sef bod Duw, drwy'r ysgrythur, yn rhoi arweiniad i ddyn ar faterion diwylliannol. Wrth sôn am weithgarwch diwylliannol dyn fel amaethwr, artist, gweinyddwr cyfraith, gwleidydd, crefftwr a meddyliwr pwysleisia fod 'a wnelo Ysbryd Duw â'r gweithgarwch hwn'.[10] Dadleua ymhellach mai 'diben bywyd dyn gerbron Duw yw creu diwylliant'.[11] Yn ôl Tudur Jones, dylid cymryd y Beibl yn ei gyfanrwydd a gwelai unrhyw duedd a ddi-raddai'r Hen Destament, gan lwyr ganolbwyntio ar y Newydd, fel rhywbeth peryglus iawn a fyddai'n arwain at erydiad yn rhagdybiaeth pobl fod cysylltiad anhepgorol rhwng eu ffydd a'u diwylliant. Wedi'r cyfan, yn yr Hen Destament y ceir hanes y

---

9 Ibid., 109-110

10 R. Tudur Jones: *Yr Ysbryd Glân* (Caernarfon: Llyfrfa'r Methodistiaid Calfinaidd, 1972), 177

11 Ibid., 178

Creu lle daw athrawiaeth y gorchymyn diwylliannol i'r amlwg yn gyntaf, yn ogystal fe geir y darlun o ymwneud cyfamodol a rhagluniaethol Duw â phobl a chenhedloedd mewn hanes.[12] Y mae'r Beibl, yn ôl Tudur Jones yn atgoffa dyn o'i bwysigrwydd fel crëwr diwylliant. Meddai:

> Am Bezaleel dywedir, "Am a'i llenwais ef ag ysbryd Duw, mewn doethineb, ac mewn deall ... i ddychmygu cywreinrwydd, i weithio mewn aur, ac mewn arian, ac mewn pres" (*Ecs.* xxxi, 3 4). Hynny yw priodolir dawn y crefftwr medrus i ddylanwad Ysbryd Duw (*cymh.* hefyd *Ecs.* xxxv, 30-3, lle ceir yr un geiriau). Yr un modd rhoddwyd y gallu i lywodraethu'r genedl i'r 70 a oedd yn cynorthwyo Moses gan Ysbryd Duw (*Num.* Xi, 16, 17). Er na sonnir yn benodol am Ysbryd Duw, dywed Eseia mai Duw sy'n hyfforddi ffermwr i amaethu'n fedrus (*Eseia* xxviii, 26).[13]

'Yng nghwrs hanes', meddai, 'y mae'r teulu dynol, wrth geisio cyflawni'r dasg', hynny yw o greu diwylliant, 'wedi datblygu'n genhedloedd.' Yn ôl Tudur Jones felly, nid creadigaeth uniongyrchol Duw mo'r Genedl, ond yn hytrach ffrwyth ydyw o ufudd-dod dyn wrth ddilyn ei gyfrifoldeb diwylliannol gerbron ei Greawdwr.[14] Arwyddocâd hyn, yn ôl dealltwriaeth Tudur Jones, yw'r berthynas agos a ddatblygodd yng Nghymru rhwng y diwylliant a'r genedl ei hun.

Wrth drafod John Elias dywedodd Tudur Jones fod grym pregethu Cymraeg yn bwysig oherwydd i'r traddodiad Calfinaidd Cymraeg ddysgu nad dileu rhethreg y mae gras Duw ond yn hytrach ei drawsnewid.[15] Dangosodd Tudur Hallam hefyd sut y bu i rethreg gael ei ddefnyddio, nid i ddifyrru, na hyd yn oed i ddysgu, ond yn hytrach i argyhoeddi'r Cymry.[16] Hawdd deall felly sut y bu i Tudur Jones ddod i'r casgliad

12 R. Tudur Jones: *Ffydd ac Argyfwng Cenedl – Hanes Crefydd yng Nghymru 1890-1914, Cyfrol 1* (Abertawe: Gwasg John Penry, 1981), 172

13 R. Tudur Jones: *Yr Ysbryd Glân* (Caernarfon: Llyfrfa'r Methodistiaid Calfinaidd, 1972), 177

14 R. Tudur Jones: *Ffydd ac Argyfwng Cenedl – Hanes Crefydd yng Nghymru 1890-1914, Cyfrol 2* (Abertawe: Gwasg John Penry, 1982), 246

15 R. Tudur Jones: *John Elias – Pregethwr a Phendefig* (Mudiad Efengylaidd Cymru, 1975), 22

16 Tudur Hallam: *Canon Ein Llên* (Caerdydd: Gwasg Prifysgol Cymru, 2007), 143

mai un o fesuryddion dylanwad Cristnogaeth, a'r Beibl yn arbennig, ar ddiwylliant Cymru oedd ceisio gweld a chlywed yr hyn a oedd yn cael ei ddweud yn y pulpud Cymreig. Un o'r enghreifftiau gorau o'r arweinwyr eglwysig hynny a welai berthynas anhepgorol rhwng Duw â chenedl a'i phobol oedd Charles Edwards. Dadleuodd Tudur Jones fod Charles Edwards yn *Y Ffydd ddi-ffuant* yn defnyddio'r naratif Feiblaidd i 'ddarlunio gwir berthynas Duw â chenedl mewn hanes, ac mae hanes Cymru hithau'n adlewyrch o'r hanes sylfaenol sydd yn y naratif honno.'[17] Cyfrifai Tudur Jones *Golwg ar Deyrnas Crist* gan Williams Williams yn yr un traddodiad. 'Yn y gân fawr hon', meddai, 'diogelir undod cyfres digwyddiadau'r hanes a groniclir yn y Beibl trwy gymod Crist a'r cyfamod fel y llinyn arian.' Yng ngweithiau Pantycelyn, ac yn wir, yng ngweithiau Cymry eraill yn ogystal, gwelai Tudur Jones gydbwysedd rhwng gwaith gwrthrychol Duw a phrofiad goddrychol y credadun.[18] Cyfeiriodd hefyd at y pwyslais a roddodd David Saunders ar fyd olwg a bwysai ar yr athrawiaeth ddiwygiedig o Ras Cyffredin, yn ei bregeth 'Yr Arglwydd a'r Achubwr':

> ... deil fod y ddaear o dan lywodraeth Duw ... mae Duw'n Arglwydd am ei fod yn Achubwr ... I Saunders felly y mae cyswllt uniongyrchol rhwng Hanes yr Achub, byd natur a byd hanes oherwydd fe gafodd trwy Iesu Grist fendithion sy'n perthyn i'r tri ... [19]

Yn yr un cyswllt y mae Tudur Jones yn cyfeirio at *Ysbryd Jacob*, sef gwaith John Hughes lle y mae'r awdur yn cyflwyno egwyddorion a 'wnai'n bosibl i lunio athrawiaeth gynhwysfawr am berthynas diwylliant yn ei wahanol foddau â Christnogaeth.' Diben Tudur Jones wrth gyfeirio at awduron fel John Hughes oedd dangos nad ffordd newydd o feddwl oedd ganddo mewn golwg wrth drafod diwylliant cenedl: 'nid oedd ei syniadaeth yn newydd', meddai, 'nac yn ddieithr' chwaith. Wedi'r cyfan dyma draddodiad gwŷr amlwg fel Thomas Jones o Ddinbych, David Jones, Tregarth a Ieuan Glan Geirionydd, a dyma hefyd oedd athrawiaeth

17 R. Tudur Jones: *Ffydd ac Argyfwng Cenedl – Hanes Crefydd yng Nghymru 1890-1914, Cyfrol 1* (Abertawe: Gwasg John Penry, 1981), 176

18 Ibid., 176-9

19 Ibid., 199

y meddwl Calfinaidd Cymreig am ddiwylliant a'u dealltwriaeth o Benarglwyddiaeth Iesu dros bob agwedd ar fywyd dyn gan gynnwys diwylliant. Nododd yn *Ffydd ac Argyfwng Cenedl* y gellid yn hawdd cymharu'r ddealltwriaeth hon â dealltwriaeth Calfinwyr yr Iseldiroedd a sylwi ar y tebygrwydd rhyngddynt.[20] Er na cheir manylion ganddo, cyfeiriodd ei ddarllenwyr at y drafodaeth yng nghyfrol E. L. Hebden Taylor *The Christian Philosophy of Law, Politics and the State*[21], cyfrol sy'n rhoi trosolwg o syniadaeth traddodiad Amsterdam. Ond mae'n bwysig nodi fod Tudur Jones yn pwysleisio mai syniadaeth gynhenid Gymreig a ddatblygwyd gan Thomas Jones o Ddinbych, ymysg eraill, oedd y ddealltwriaeth y cyfeiria ef ato yn ei gyfrol. Pwysleisiodd y tebygrwydd rhwng dealltwriaethau Cymru ac Amsterdam, ond mynnodd na welir dylanwad uniongyrchol Amsterdam ar y ddealltwriaeth Gymreig.

Gyda phwyslais y Traddodiad Diwygiedig ar *sola scriptura* a *sola fide* y mae'n gwbl eglur fod Tudur Jones yn credu bod Cristnogaeth wedi cyfrannu'n neilltuol at lunio'r meddwl Cymreig. Yn ei gyfrolau *Ffydd ac Argyfwng Cenedl* fe gyfeiriodd hefyd at y 'cytgord efengylaidd' a fu'n ddylanwad gwaelodol ar ddiwylliant a'r genedl Gymreig wrth iddi ddatblygu, aeddfedu a ffurfio'i hunaniaeth ei hunan. Byd olwg wedi'i seilio ar gyfundrefn athrawiaethol Galfinaidd a ysbrydolodd dyn i greu a chynnal diwylliant. I Tudur Jones y "meddwl Cymreig" oedd holl waddol neu ben llanw y traddodiad Calfinaidd yng Nghymru.[22]

Gwendid syniadaeth Tudur Jones yn y fan yma yn ôl Harri Williams oedd ei duedd i 'ddadlau mai Calfiniaeth ydi'r ddiwinyddiaeth y dylem lynu wrthi oherwydd mai hi yw'r ddiwinyddiaeth a fu amlycaf yng Nghymru ers rhai canrifoedd.'[23] Mae hwn yn feirniadaeth gytbwys a theg gan fod Tudur Jones wedi dadlau ei hun mai troi at y Beibl (ac

---

20 R. Tudur Jones: *Ffydd ac Argyfwng Cenedl – Hanes Crefydd yng Nghymru 1890-1914, Cyfrol 2* (Abertawe: Gwasg John Penry, 1982), 36

21 E. L. Hebden Taylor: *The Christian Philosophy of Law, Politics And The State* (Nutley, New Jersey: The Craig Press, 1969)

22 R. Tudur Jones: *Ffydd ac Argyfwng Cenedl – Hanes Crefydd yng Nghymru 1890-1914, Cyfrol 2* (Abertawe: Gwasg John Penry, 1982), 48

23 Harri Williams: 'Adolygiad o Ffydd ac Argyfwng Cenedl, Cyfol 2' yn *Y Traethodydd*, Cyf. CXXXVIII, 586, (1983), 55

nid at unrhyw draddodiad Cristnogol o reidrwydd) y dylid ei wneud er mwyn ceisio goleuni ac arweiniad ar bob mater. Er i Tudur Jones rybuddio'i ddarllenwyr rhag gwneud unrhyw gynnyrch neu draddodiad dynol yn wrthrych ffydd a gobaith, y mae ef ei hun serch hynny a thuedd i ddyrchafu'r traddodiad Calfinaidd Cymraeg i lefel, bron, o anffaeledigrwydd.

Erydu'r meddwl Cymreig

Mynnai Tudur Jones fod y diwylliant Cymraeg wedi bod yn 'gaer i'r gwirionedd Cristnogol'[24] am gyfnod hir iawn yn hanes y genedl. Ategu hyn a wnaeth Neil Evans:

> They were united by a language and language ensured that their theological discussion remained locked in a 17th century time warp. Not for them the confrontation with evolutionism; ignoring it was part of what made a Welsh nonconformist a Welsh nonconformist rather than an English one.[25]

Ond, yn ôl Tudur Jones, daeth tro ar fyd wrth i ddylanwad diwylliannol Saesnig ddod a thôn o amheuaeth i'r traddodiad Cymreig, a'i lygru. Awgryma fod hyn yn cael ei bortreadu'n effeithiol yn nofel Daniel Owen, *Rhys Lewis.*

> Pan oedd Bob yn mynegi amheuon, mynnai ei fam, Mari Lewis, mai "rhyw syniade wyt ti wedi'u cael yn yr hen lyfrau Saesneg ene sydd wedi mwydro dy ben di". Daw hyn â ni yn nes adref, ac at un o'r dylanwadau oedd yn cyfrannu fwyaf at gythryblu'r meddwl Cymraeg. Y dylanwad hwnnw oedd diwylliant Lloegr.[26]

Dadleuai Tudur Jones bod rhagdybiaethau y meddwl Cymreig

24 R. Tudur Jones: *Ffydd ac Argyfwng Cenedl – Hanes Crefydd yng Nghymru 1890-1914, Cyfrol* 2 (Abertawe: Gwasg John Penry, 1982), 14

25 Neil Evans: 'National Identity in the British Isles' yn *Coleg Harlech Occasional Papers in Welsh Studies No. 3*, Neil Evans gol. (1989), 63

26 R. Tudur Jones: *Ffydd ac Argyfwng Cenedl – Hanes Crefydd yng Nghymru 1890-1914, Cyfrol* 2 (Abertawe: Gwasg John Penry, 1983), 14

ynghylch sofraniaeth Duw dros ddyn a'i ddiwylliant wedi dechrau cael eu herio wrth i ddylanwad yr iaith a'r diwylliant Saesneg ledaenu. Gwelir dadl debyg yng ngwaith Michael D. Jones – a hynny'n llawn o'i rethreg arferol – pan ddywedodd yn y *Celt* yn 1890 fod Seisnigeiddio yng Nghymru gyfystyr a'i phaganeiddio.[27] Roedd Tudur Jones yn seilio'i ddadleuon ar ddyneiddiaeth Ewropeaidd a hynny wrth i weithiau'r dyneiddwyr gael eu cyfieithu i'r Saesneg a'u dosbarthu ymhlith y Cymry. Dylanwad syniadaeth pobl fel Comte oedd yn 'gosod Duw ei Hun dan warchae' ac yn gwahodd pobl i 'gofleidio ag angerdd crefyddol wrthrych addoli newydd sef dyn'.[28] Wrth gwrs, cyfrwng yn unig oedd y Saesneg yn y cyswllt hwn gan fod y dylanwadau yn dod yn wreiddiol o'r cyfandir. Ond dadleuai ymhellach fod ymlediad yr athroniaeth ddyneiddiol newydd hon wedi cael ei phrysuro drwy rhwydweithiau cymdeithasol a chrefyddol a sefydliadau addysg Cymru a oedd, i raddau helaeth iawn, yn Saesneg eu cyfrwng.[29]

Un o'r dylanwadau estron hyn a ddaeth i Gymru drwy'r iaith Saesneg oedd athrawiaeth Immanuel Kant ac er i'r athronydd hwn fod yn ofalus i ddiogelu sylfaen athronyddol i'r syniad o ffydd yn Nuw, mynnai Tudur Jones fod dylanwad ei syniadau wedi arwain at anghrediniaeth ymhlith y bobl.[30] Ymhellach, dywedodd Tudur Jones fod Ernest Renan wedi dod i wadu'r angen am y goruwchnaturiol a hynny mewn esboniadaeth Feiblaidd o'i eiddo. Er i Auguste Comte golli ei ffydd yn Nuw meddai, fe barhaodd y gŵr hwnnw, er yn rhyfedd iawn, i arddel ei ffydd mewn crefydd.[31] Wrth ystyried sut yn union y bu i'r syniadau cymysg hyn ymdreiddio i'r gymdeithas Gymreig a chael y fath effaith a dylanwad ar feddwl trwch y Cymry fe gyflwynodd Tudur Jones ei ddadansoddiad dan bennawd yn dwyn y teitl 'Dryswch y deallusion'. Roedd y teitl ei hun yn awgrymu'n gryf beth fyddai themau'r dadansoddiad a ddilynai. Yn ôl Tudur Jones drwy'r deallusion yn anad neb na dim arall y daeth

27 Michael D. Jones: *Y Celt* (17 Hydref, 1890), 2

28 R. Tudur Jones: *Ffydd ac Argyfwng Cenedl – Hanes Crefydd yng Nghymru 1890-1914, Cyfrol 2* (Abertawe: Gwasg John Penry, 1982), 13-14

29 Ibid., 14

30 Ibid., 12

31 Ibid.

y dylanwadau i Gymru, ac yn arbennig drwy Athrawon Diwinyddol a Gweinidogion yr Efengyl. Drwy dudalennau Y *Traethodydd*, a gyhoeddwyd gyntaf ym 1845, daeth y Cymry i glywed am rai o'r syniadau hyn am y tro cyntaf. Yn ôl D. Densil Morgan Y Traethodydd oedd cyhoeddiad 'mwyaf allweddol y ganrif'. Cyhoeddiad oedd a'i fryd, ymysg pethau eraill, ar addysgu'r Cymry am syniadau athronyddol newydd a phoblogaidd y dydd ynghyd â rhoi blas iddynt 'ar lyfrau o bwys ym mysg y Saeson.'[32]

Ond y dylanwad pennaf ar Gymru o du'r athronwyr cyfoes yn ôl Tudur Jones oedd Karl Marx a bu ei athrawiaeth ef, meddai, yn ergyd drom i Gymru.

> Ffrwyth ei waith oedd priodi'r ymgyrch yn erbyn crefydd â'r rhyfel i ryddhau'r gwerinoedd oddi wrth orthrwm. Buan iawn y lledodd y dyb nad yw credu yn Nuw ond cytuno i barhau gorthrwm. Felly, rhan o raglen gwerin ar ei hymdaith tua rhyddid yw distrywio crefydd a gwneud y syniad am Dduw'n ddianghenraid.[33]

Esgorodd Marcsiaeth ar ddyneiddiaeth seciwlar yng Nghymru a nododd Tudur Jones fod Thomas Charles Edwards, ym 1888, wedi rhagweld yr argyfwng ysbrydol a fyddai'n sicr o oresgyn Cymru ymhen dim. Cyfeiriodd hefyd at John Thomas, Lerpwl, wrth i'r gŵr hwnnw bryderu'n fawr oherwydd bod eglwysi a'u harweinwyr yn rhoi gormod o amser ac egni i wleidydda a hynny ar draul y bwyslais y dylid ei roi ar y bywyd ysbrydol. Yn ogystal, dywedodd mai Thomas Rees, Merthyr, a fynegodd bryder am y ffordd a roddai'r eglwysi mwy o bwys ar nifer y cymunwyr na dyfnder ac ansawdd eu ffydd a'u profiad. Yna y mae Tudur Jones yn ychwanegu fod 'y tri chwarter canrif nesaf i brofi i'r carn pa mor dreiddgar oedd y dadansoddiad hwn' gan rai o arweinwyr y cyfnod.[34]

Nid oedd Tudur Jones yn gwrthwynebu ymwneud y Cristion â'r byd gwleidyddol, ond yn hytrach i'r gwrthwyneb, mynegai, er enghraifft, ei

32 D. Densil Morgan: *Lewis Edwards* (Caerdydd: Gwasg Prifysgol Cymru, 2009), 100-105

33 R. Tudur Jones: *Ffydd ac Argyfwng Cenedl – Hanes Crefydd yng Nghymru 1890-1914, Cyfrol 2* (Abertawe: Gwasg John Penry, 1982), 13

34 R. Tudur Jones: *Ffydd ac Argyfwng Cenedl – Hanes Crefydd yng Nghymru 1890-1914, Cyfrol 1* (Abertawe: Gwasg John Penry, 1982), 91

edmygedd o ddadleuon Michael D. Jones ac Emrys ap Iwan ar faterion gwleidyddol. Ond er bod Michael D. Jones ac Emrys ap Iwan yn trafod gwleidyddiaeth a cheisio cynnig datrysiadau i heriau a phroblemau gwleidyddol eu hoes, eu man cychwyn, yn ôl Tudur Jones, oedd y Beibl, er bod ymchwil diweddar wedi dangos fod syniadaeth yr oleuedigaeth wedi dylanwadu ar Michael D. Jones hefyd.[35] Tybiai nifer fawr o sosialwyr y cyfnod mai'r hyn ydoedd eu sosialaeth oedd estyniad neu fynegiant pellach o'u crefydd Cristnogol, ond afraid dweud y mynnai Tudur Jones nad oedd nemor dim tebygrwydd na pherthynas gyfforddus rhwng athroniaeth Marx a'r ffydd Gristnogol. Tudur Hallam a ddywedodd fod y diwylliant anghydffurfiol, cyn i athroniaeth Marx ymdreiddio drwyddo, yn 'hyrwyddo undod diwylliannol a thrawsddosbarth'.[36] Dangosodd Tudur Jones ymhellach fod Yr Hen Ymneilltuwyr, er yn cynnwys rhai aelodau 'digon cyfforddus eu hamgylchiadau', yn cymryd gofal o dlodion eu cynulleidfaoedd.[37] Er mai gwerthoedd Cristnogol oedd sail y gofal a'r consyrn hwn am y tlodion ac anffodusion y gymdeithas, glynu wrth syniadau a gwerthoedd Marx a wna Sosialwyr y cyfnod, ac nid wrth ddysgeidiaeth Crist. Dadleuodd Tudur Jones fod sosialaeth, o'i gymryd fel cyfundrefn syniadaethol gyfan, wedi ysgaru'r Cymry oddi wrth y meddwl Cymreig traddodiadol.

> ... yr oedd yr athrawiaeth sosialaidd hefyd yn faen prawf i fesur pob athrawiaeth arall wrthi – gan gynnwys yr athrawiaeth Gristnogol. Felly, troir rhesymeg glasurol Cristnogaeth â'i hwyneb i waered. Yn lle tynnu casgliadau cymdeithasol ar sail y datguddiad yn y Beibl, eir ati'n awr i dynnu casgliadau am y Beibl ar sail yr athroniaeth Sosialaidd.[38]

Yr hyn a ddatblygodd oedd rhyw glytwaith o gyfundrefn syniadaeth sosialaidd a fenthycodd neu fabwysiadodd nifer o ddelweddau o'r traddodiad Cristnogol. Yn ôl Keir Hardie, er enghraifft, cyfrwng oedd

35 Dafydd Tudur: *The Life, Work and Thought of Michael D. Jones*, traethawd PhD, Prifysgol Bangor (2006), 410

36 Tudur Hallam: *Canon Ein Llên* (Caerdydd: Gwasg Prifysgol Cymru, 2007), 124

37 R. Tudur Jones: *Grym y Gair a Fflam y Ffydd*, D. Densil Morgan gol. (Bangor: Canolfan Uwch-Efrydian Crefydd yng Nghymru, 1998), 130

38 R. Tudur Jones: *Ffydd ac Argyfwng Cenedl – Hanes Crefydd yng Nghymru 1890-1914, Cyfrol 2* (Abertawe: Gwasg John Penry, 1982), 269

y Beibl a gynigai ganllawiau ac arweiniad ar gyfer creu rhyw nefoedd newydd yn awr ar y ddaear. 'Mewn gair', meddai Tudur Jones, 'dyma'r "Efengyl Gymdeithasol."'[39] Bu Tudur Jones yn dra beirniadol o'r efengyl gymdeithasol hon. Ymhlith nodau'r efengyl gymdeithasol, meddai, oedd gwadu'r goruwchnaturiol, dwyfoli cymdeithas a dynoli Duw. Anobeithio am nefoedd well a gobeithio am iwtopia ddaearol a wna dilynwyr yr efengyl gymdeithasol hon. Nid cyfiawnder Duw a bregethant ond yn hytrach pwysleisiwyd rhinweddau dyn, di-raddiwyd iachawdwriaeth i fod yn ddim ond ffrwyth gweithgarwch cymdeithasol a gwleidyddol dyn. Yr oedd rhywfaint o werth i'r eglwys, cyhyd â'i bod yn ymroi i'r frwydr o geisio gwella sefyllfa dyn yn y gymdeithas ac 'os oes gwrthdrawiad rhwng sosialaeth a Christionogaeth, rhaid tocio Cristionogaeth, nid cymedroli sosialaeth'.[40] Goblygiadau y math hwn o athrawiaeth oedd arwain Cymru i sefyllfa o argyfwng oblegid fe 'gollwyd gafael ar yr allwedd a agorai'r drws i athrawiaeth gymdeithasol a fyddai ar yr un pryd yn ffynhonni o'r Beibl ac yn wynebu cymhlethdod y Gymru oedd ohoni'. A chanlyniad hyn oedd 'llithro i bietistiaeth ddiffrwyth neu, ar y llaw arall, i foderniaeth ddi-waed'.[41] Gwelai Tudur Jones sosialaeth, fel cyfundrefn feddyliol, yn ddylanwad negyddol ar Gymru a hynny'n bennaf oherwydd ei bod hi'n gyfundrefn a heriodd rhagdybiaethau pwysicaf ffydd y Cymry. Yn ogystal, gwelai nad oedd gan sosialaeth fel cyfundrefn feddyliol fawr i'w ddweud am genedligrwydd a hynny yn ystod cyfnod pryd byddai'r genedl a'r diwylliant Cymraeg wedi elwa'n fawr o gael lladmerwyr deallus i weithio drosti.

Yn yr un cyfnod datblygodd ysgolheictod feirniadol oedd yn 'dechrau siglo cynseiliau pregethu a gymerai'r hanes Beiblaidd fel y ffrâm ar gyfer pob hanes arall'. Yr oedd awdurdod y Beibl yn gorfod ildio i awdurdod tueddiadau'r oes. 'Yr hanes "gwir" bellach,' meddai, 'oedd yr hanes seciwlar... rhaid oedd ffitio hanes y Beibl i'w hanes hwy yn hytrach na ffitio eu hanes hwy i hanes y Beibl fel cynt.' Ac yr oedd y newid hwn yn meddwl y Cymry yn ergyd farwol i'r meddwl Cymreig gan fod y Beibl

39 Ibid.

40 Ibid., 270

41 Ibid., 271

bellach i'w ddeall yng nghyd-destun diwylliant: cyn hyn, deallid diwylliant yng nghyd-destun y Beibl.[42] Cytunai Tudur Hallam fod gweld sut y bu i'r Cymry ddechrau amau dilysrwydd y canon Beiblaidd fod yn arwydd pendant fod 'Cristnogaeth Gymraeg ar groesffordd ddiwylliannol' gan i'r Beibl fod yn 'gymaint o ddylanwad ar hunaniaeth Gymreig.'[43] Ond dadleuodd Harri Williams yn ei adolygiad yn *Y Traethodydd* fod Tudur Jones 'braidd yn ddibris' o werth ysgolheictod feirniadol a bod ei ragfarnau diwinyddol wedi esgor ar osodiadau eithafol o'i eiddo wrth iddo drafod awdurdod y Beibl.[44] Fodd bynnag, y mae'r cyhuddiadau hyn yn garlamus braidd oherwydd y mae cynnwys *Ffydd ac Argyfwng Cenedl* yn dangos ei fod wedi ymdrwytho'i hun yng ngweithiau'r diwinyddion rhyddfrydol a bod ganddo ddealltwriaeth ddofn o drafodaethau'r uwch-feirniaeth. Felly, ni ellir derbyn beirniadaeth Harri Williams yn gyfan wrth iddo gyhuddo Tudur Jones o fod yn 'ddibris' o'r diwinyddion rhyddfrydol. Roedd Tudur Jones wedi ystyried eu gweithiau a'u diwinyddiaeth yn fanwl ac yna eu gwrthod.

Gwelai Tudur Jones fod to newydd o bobl wedi ymddangos ar lwyfan hanes Cymru ar ddiwedd y bedwaredd ganrif ar bymtheg a dybiai y gallent gofleidio athroniaeth Hegelaidd – athroniaeth nad oedd â'i gwreiddiau mewn dysgeidiaeth Gristnogol – a rhoi mynegiant i'w Cristnogaeth drwyddi. Meddai:

> Heb ddim dadl, yr oedd y tueddiadau hyn yn dangos fod y meddwl Cristionogol yng Nghymru ar y llithrigfa ... aeth llenorion Cymru i bwyso ar gyfoeth eu darfelydd preifat eu hunain. Nid wynebu Duw gan gyffesu tlodi ei ysbryd a wnâi'r llenor yn awr, ond ymhyfrydu yn ei dreiddgarwch diwylliannol ei hun.[45]

Nid o blith athronwyr y tu allan i'r eglwys yn unig yr oedd y tueddiadau

---

42 R. Tudur Jones: *Ffydd ac Argyfwng Cenedl – Hanes Crefydd yng Nghymru 1890-1914, Cyfrol 1* (Abertawe: Gwasg John Penry, 1981), 199

43 Tudur Hallam: *Canon Ein Llên* (Caerdydd: Gwasg Prifysgol Cymru, 2007), 137

44 Harri Williams: 'Adolygiad o Ffydd ac Argyfwng Cenedl, Cyfrol 1' yn *Y Traethodydd*, Cyf. CXXXVII, 582, (1982), 42

45 R. Tudur Jones: *Ffydd ac Argyfwng Cenedl – Hanes Crefydd yng Nghymru 1890-1914, Cyfrol 2* (Abertawe: Gwasg John Penry, 1982), 24

hyn ond gan ddiwinyddion o'i mewn yn ogystal. O fewn yr eglwys, David Adams oedd un o'r ffigurau amlwg a feirniadwyd gan Tudur Jones a hynny am nifer o resymau, gan gynnwys y modd y cofleidiodd ddamcaniaeth esblygiad Charles Darwin. Bu'r croeso a'r derbyniad brwd a roddwyd i syniadaeth Darwin – ac yn arbennig i'w ddamcaniaeth 'yr addasaf sy'n goroesi' – yn drychineb mawr meddai. 'I haneswyr syniadau dyma un o'r athrawiaethau erchyllaf ei chanlyniadau a gyflwynodd y bedwaredd ganrif ar bymtheg i'r ugeinfed ganrif', meddai, oherwydd 'iddi gael ei defnyddio i gyfiawnhau rhyfel, gorthrwm hiliol a gwersylloedd mwrdwr y Natsïaid'.[46] Y mae'n trafod cyfrol 'siomedig' David Adams *Yr Eglwys a Gwareiddiad Diweddar*, nid yn bennaf er mwyn anghymeradwyo ei chynnwys diwinyddol ond yn hytrach fe'i defnyddia fel enghraifft o annigonolrwydd y ddiwinyddiaeth newydd yn ei hymdriniaeth o berthynas ffydd a diwylliant. Mynnai Tudur Jones fod cyfrol David Adams yn bwysig 'oherwydd ei fod yn mynegi'r argyhoeddiad am berthynas Cristnogaeth a diwylliant a oedd i lywodraethu tros feddyliau mwyafrif llethol Cristnogion Cymru o hyn ymlaen.'[47] Yn ôl Tudur Jones fe wthiodd Adams yr athrawiaethau clasurol o'r neilltu oherwydd yn ei dyb ef byw y bywyd moesol oedd y peth pwysig un. Gwerth moesol neilltuol oedd sylwedd y ffydd Gristnogol iddo a gwelai'r Iesu fel y Cristion mwyaf a fu erioed oherwydd yn ei fywyd ef, yn anad neb arall, y gwelwyd y gwerthoedd mawr hyn ar waith orau. [48]

Heriodd Harri Williams honiad Tudur Jones mai derbyniad di-gwestiwn diwinyddion fel David Adams o theorïau Darwin a arweiniodd at ddryswch ac argyfwng ysbrydol y cyfnod a'r cenedlaethau a'i dilynodd. Meddai:

> A phwy tybed a greodd y 'dryswch' mwyaf ym meddyliau credinwyr, y diwinyddion hynny a gydnabu ymchwil onest y gwyddonwyr (fel y gwnaeth Pantycelyn) a cheisio cysoni'r damcaniaethau newydd â'u crefydd, ynteu'r rhai hynny a wrthodai'r wyddoniaeth newydd trwy

46 Ibid., 30

47 Ibid., 40

48 R. Tudur Jones: *Hanes Annibynwyr Cymru* (Abertawe: Gwasg John Penry, 1966), 250

lynu'n rhy dyn wrth y syniad fod y Beibl yn awdurdod ar faterion gwyddonol yn ogystal ag ar wirioneddau ysbrydol?[49]

Nid oes tystiolaeth sy'n awgrymu fod Tudur Jones yn wrth-wyddonol fel yr awgrymodd Harri Williams, y cyfan a geisiodd ei wneud oedd mynegi'r angen i gydnabod fod Duw'n arglwydd y gwyddorau yn ogystal ag Arglwydd holl rannau eraill o fywyd dyn. Rhybuddiodd Tudur Jones yn erbyn tueddiad y gwyddonwyr i geisio tra-arglwyddiaethu dros faes y diwinydd tra cyhuddodd Harri Williams ef o geisio tra-arglwyddiaethau dros faes y gwyddonydd.

Yr hyn a oedd ar droed, yn ôl Tudur Jones, oedd bod yr eglwys Gristnogol yn raddol golli ei gwedd genhadol ac ymosodol, yn ogystal â miniogrwydd ei diwinyddiaeth. Yn hytrach na bod diwinyddiaeth yn mowldio a rhoi cyfeiriad i ddiwylliant, yr oedd diwylliant yn mowldio a rhoi cyfeiriad i ddiwinydda. Enghraifft amlwg o hyn, yn nhyb Tudur Jones, oedd hanes sefydlu'r radd Baglor mewn Diwinyddiaeth ym Mhrifysgol Cymru. Penodwyd A. M. Fairbairn, Prifathro Coleg Mansfield, Rhydychen, i lunio maes llafur y radd. Lluniwyd y maes llafur hwn yn seiliedig ar y trafodaethau a'r dadleuon cyfoes yn Lloegr ar y pryd ac yr oedd hyn, yn ôl Tudur Jones, 'yn enghreifftio'r ffordd yr oedd diwylliant y wlad honno'n dylanwadu ar Gymru'.[50] Yn unol â thuedd yr oes fe luniwyd maes llafur gan Fairbairn a anwybyddai nid yn unig hanes crefydd Cymru ond hefyd hanes syniadaeth a diwinyddiaeth y traddodiad Cymreig. I Tudur Jones yr oedd hyn yn gyfystyr ag anwybyddu'r union ffydd a diwylliant yr oedd y Brifysgol 'genedlaethol' honedig newydd wedi'i sefydlu i'w gwasanaethu.[51]

Erbyn 1911 daeth yr iaith Gymraeg dan warchae o ddifri am y tro cyntaf a hynny oherwydd y gostyngiad cymharol yn nifer y siaradwyr Cymraeg. Er bod nifer siaradwyr Cymraeg ar gynnydd ar ddechrau'r ugeinfed ganrif, o 1911 ymlaen syrthiai'r nifer o siaradwyr yn ogystal â'r

49 Harri Williams: 'Adolygiad o Ffydd ac Argyfwng Cenedl, Cyfol 2' yn *Y Traethodydd*, Cyf. CXXXVIII, 586, (1983), 54

50 R. Tudur Jones: *Ffydd ac Argyfwng Cenedl – Hanes Crefydd yng Nghymru 1890-1914, Cyfrol 2* (Abertawe: Gwasg John Penry, 1982), 76

51 Ibid., 88

ganran o'r boblogaeth gyfan a siaradai'r iaith. Priodolai Tudur Jones lawer o agweddau negyddol y cyfnod tuag at y Gymraeg i ddau safbwynt syniadaethol, sef yr athroniaeth ryddfrydol *laissez-faire* ac athroniaeth Darwin a ddysgai mai'r addasaf yn unig fyddai'n goroesi. Dysgai'r athrawiaethau hyn fod ieithoedd, fel nwyddau, yn gorfod cystadlu â'i gilydd yn y farchnad rydd: ni allai'r Gymraeg frwydro'n erbyn yr iaith Saesneg na chystadlu o gwbl â hi. Byddai'r Gymraeg yn marw'n naturiol. Yn y cyfnod hwn yn ogystal y gosodwyd ym meddwl y Cymry y syniad a arddelwyd yn gyffredinol sef bod rhaid wrth yr iaith Saesneg i ddod ymlaen yn y byd. Afraid dweud i hyn beri tramgwydd i Tudur Jones:

> Bu'r gred hon ymhlith y deallusion yn foddion i ladd unrhyw ymgais ddifrifol i wneud y Gymraeg yn gyfrwng effeithiol i drosglwyddo cyfoeth addysg i'r bobl a llesteiriodd yn llwyr unrhyw ymgais i wneud y Gymraeg yn gyfrwng gweinyddu gan y llywodraeth a'r awdurdodau lleol. Yr oedd yn gancr marwol ym meddwl pobl Cymru, er nad oedd ond sypyn o ofergoelion.[52]

Gwelai Tudur Jones fod y feddylfryd hon wedi arwain at blwyfoli'r iaith Gymraeg a'i chyfyngu i rai adrannau bywyd yn unig. Daeth hyn i'r amlwg yn ymgyrch Dan Isaac Davies am 'Dair miliwn o Gymry dwyieithog mewn can mlynedd.' Nid dwyieithrwydd yn yr ystyr o weld safle cyfartal i'r Gymraeg a'r Saesneg ym mywyd Cymru oedd dan sylw, ond yn hytrach sicrhau fod rhai adrannau, rhai ceiri fel petai, lle gellid sicrhau lle i'r Gymraeg. Canlyniad anorfod hyn oedd bod y Gymraeg yn prysur droi yn iaith y capel a'r aelwyd tra roedd Saesneg yn sefydlu'i hun yn brif iaith bywyd y Cymry. Yr oedd hyn, meddai Tudur Jones, yn arwydd o'r 'genedl yn hollti ei bywyd am fod hollt eisoes yn ei meddwl.'[53]

52 Ibid., 250

53 Ibid., 250-51

Amddiffyn y safbwynt clasurol Protestannaidd

Yr oedd deall a gwerthfawrogi datblygiadau diwinyddol a diwylliannol y cyfnod, yn ôl Tudur Jones yn *Ffydd ac Argyfwng Cenedl*, yn angenrheidiol er mwyn adnabod y Gymru a ddatblygodd ohoni. Tudur Jones oedd prif ladmerydd y 'traddodiad efengylaidd Cymraeg', ymysg Annibynwyr Cymru erbyn iddo gael ei sefydlu'n Brifathro Coleg Bala-Bangor yn 1965. Cyffesodd mewn cyfweliad yn 1986 ei fod wedi 'gwerthfawrogi'r cyfle i glywed esbonio'r argyhoeddiadau Rhyddfrydol gan un [John Morgan Jones] oedd yn lladmerydd deniadol iddynt.' Serch hynny ei athro arall, J. E. Daniel, meddai 'a barodd imi sylweddoli pa mor gyfoethog oedd y traddodiad efengylaidd Cymraeg, yn ymestyn i lawr o Awstiniaeth yr Oesoedd Canol, trwy Penry, Cradoc, Pantycelyn, George Lewis, Thomas Jones o Ddinbych, Thomas Charles ac i lawr i'n dyddiau ni.'[54]

Ffigwr oedd ar begwn gwahanol y sbectrwm ddiwinyddol i Tudur Jones oedd Iorwerth Jones, Ysgrifennydd Undeb yr Annibynwyr rhwng 1976-1980. Yn 1968 anelodd Iorwerth Jones ei feirniadaeth o'r *Cylchgrawn Efengylaidd* yn uniongyrchol at Tudur Jones. 'Nid oeddwn mor hapus – o bell – gyda chynnwys rhifyn diweddaraf y *Cylchgrawn Efengylaidd*,' meddai Iorwerth Jones gan ychwanegu, 'mae rhai ohonoch yn trio gwthio unffurfiaeth diwinyddiaeth geidwadol ar y wlad.'[55] Ni fu Tudur Jones erioed yn fwy na chyfrannwr achlysurol i'r *Cylchgrawn Efengylaidd*. Ond y mae'r ffaith fod Iorwerth Jones, gweinidog ag arddelai'r label 'radical' rhagor na 'rhyddfrydol'[56], yn ei bortreadu fel un o'r 'efengylwyr' yn dangos ym mha le y lleolai rhai o gyfoeswyr Tudur Jones ef ar y sbectrwm ddiwinyddol. Rhannu pryder ynghylch agwedd Iorwerth Jones a wnaeth Noel Gibbard, gweinidog gyda'r Annibynwyr ac un o arweinwyr y Mudiad Efengylaidd, gyda Tudur Jones yn 1973. Cyfeiriodd Gibbard at hoffter Iorwerth Jones o 'ymosod ar y Ffydd Efengylaidd' yn y frawdoliaeth yn Llanelli, yn arbennig felly ei ymosodiadau ar Tudur

54 R. Tudur Jones: 'Holi'r Prifathro R. Tudur Jones' yn *Cristion* (Gorffennaf/Awst 1986), 14

55 Iorwerth Jones, Llanelli at R. Tudur Jones, 4 Medi 1968. Ffeil 59, Casgliad R. Tudur Jones, Archifdy Bangor.

56 Maurice Loader: 'Y Parchedig Iorwerth Jones' yn *Cristion* (Gorffennaf/Awst, 1992), 7

Jones a'i lyfr *Yr Ysbryd Glân*. 'Nid gwahaniaeth barn ar bethau dibwys sy'n bod' meddai Gibbard, 'ond ar bethau hanfodol.'[57] Roedd tueddiadau diwinyddol troad y ganrif fel y'u dehonglwyd gan Tudur Jones wedi lledaenu a gwreiddio i'r fath raddau fel bod Iorwerth Jones yn fwy na hyderus i herio diwinyddiaeth 'efengylwyr' fel Tudur Jones.

Yr hyn oedd yn peri'r tramgwydd mwyaf i Iorwerth Jones yn *Y Cylchgrawn Efenyglaidd* oedd y pwyslais a roddai'r efengylwyr ar awdurdod yr Hen Destament. Dyna yn ei hanfod oedd achos y gynnen fawr rhyngddo a Tudur Jones bron i ddeng mlynedd yn ddiweddarach yn 1976. Yn dilyn ei ethol yn Ysgrifennydd Cyffredinol Undeb yr Annibynwyr Cymraeg ymosododd Iorwerth Jones yn chwyrn ar Tudur Jones a'i gyd 'ffwndamentalwyr' ar dudalennau'r *Tyst*. 'Y mae'n nodweddiadol o ddiwinyddiaeth ffwndamentalaidd y Prifathro,' meddai Iorwerth Jones, 'ei fod yn ymwrthod â ffrwyth ysgolheictod Beiblaidd er mwyn cynnal ei ddogma.' Awgrymodd Iorwerth Jones ymhellach nad oedd lle i ffwndamentaliaeth o fewn yr eglwys ac y dylai unigolion a gweinidogion a lynai wrth y safbwynt clasurol efengylaidd, fel Tudur Jones, adael Undeb yr Annibynwyr. Mewn llythyr agored a wrthodwyd ei gyhoeddi gan Maurice Loader, golygydd y *Tyst* ar y pryd, aeth Tudur Jones i'r afael â Iorwerth Jones mewn modd a oedd yr un mor feirniadol ac ymosodol. 'Iorwerth bach,' meddai, 'rhaid ichwi beidio â meddwl ein bod ni wrth eich ethol yn Ysgrifennydd yr Undeb, wedi'ch ethol hefyd yn Bab yr enwad.' Nid oedd yn bwriadu gadael yr Annibynwyr ar unrhyw gyfri – dywedodd, 'boed hysbys ichwi nad oes gennyf y bwriad lleiaf i adael yr Annibynnwr i'ch plesio chwi – hynny yw, os yw'r cyfeillion yn Eglwys Annibynnol Bangor yn fodlon fy ngoddef am ychydig yn rhagor!'[58] Roedd Tudur Jones hefyd yn atgoffa'r 'Pab' Annibynnol yn y fan yma fod pob Cristion a phob eglwys leol yn uniongyrchol gyfrifol gerbron Duw a bod dealltwriaeth Iorwerth Jones o'r ddysgeidiaeth hon – neu'n wir, ei ddewis ef o'i hanwybyddu – yn gwbl gyfeiliornus a diffygiol.

57 Noel Gibbard at R. Tudur Jones, 3 Ionawr 1973. Ffeil 62, Casgliad R. Tudur Jones, Archifdy Bangor.

58 Llythyr agored gan R. Tudur Jones at Iorwerth Jones, 18 Chwefror 1976 [ni chyhoeddwyd byth]. Ffeil 65, Casgliad R. Tudur Jones, Archifdy Bangor.

Mynnai Iorwerth Jones gyferbynnu'r Hen Destament â dysgeidiaeth Iesu Grist, yn arbennig felly y Bregeth ar y Mynydd. Amlygwyd hyn flynyddoedd yn ddiweddarach yn adolygiad Harri Williams o *Ffydd ac Argyfwng Cenedl* pan fentrodd anghytuno â Tudur Jones fod diffyg pregethu o'r Hen Destament erbyn diwedd y bedwaredd ganrif ar bymtheg yn wendid. 'Ac onid iawn i Gristion,' meddai Harri Williams, 'droi'n amlach i wir ffynhonnell ei grefydd ei hun, yr efengylau a'r epistolau, nag i ddogfennau crefydd yr Iddew?'[59] Dywedodd Dewi Eurig Davies yn 1984: 'yn wyneb barn deg ysgolheigion diduedd, teimla'r mwyafrif o ddynion heddiw na allant dderbyn pob cymal o'r Beibl fel cyfartal mewn gwerth.'[60] Dyma oedd byrdwn llythyr Iorwerth Jones at Tudur Jones flynyddoedd ynghynt pan ddywedodd y 'gellir gwrthod derbyn, e.e. II Bren.10. etc. etc. etc. etc., fel Gair Duw, nid oherwydd ofn dynion na pharch i wyddoniaeth na hubris meddyliol, gobeithio, ond oherwydd cred yn yr Arglwydd Iesu.'[61] Ond ffolineb oedd dealltwriaeth o'r fath yng ngolwg Tudur Jones. Meddai:

> Wrth geisio dysgu gan yr Athro Mawr, ni allaf beidio â sylwi ar y lle a rydd yn ei ddysgeidiaeth i'r Hen Destament. Yr ydych chwi'n medru dweud, ar ei ben, ei fod yn y Bregeth ar y Mynydd yn "disodli" rhannau o'r Hen Destament. Ond dyna'n union beth nad yw'n ei wneud...
>
> Yn ddieithriad mae Iesu Grist yn trafod yr Hen Destament gyda'r parch dyfnaf. Nid yw byth yn dweud dim condemniol na sarhaus am unrhyw ran ohono. Dyma lle'r ydwyf yn methu â sgwario eich safbwynt chwi â dysgeidiaeth Iesu.[62]

Er i Tudur Jones ddadlau ei safbwynt yn gryf a chytbwys ar adegau, fe'i gwelir ar brydiau'n llithro a throi at gecru a ffraeo agored: 'Yr ydych

59 Harri Williams: 'Adolygiad o Ffydd ac Argyfwng Cenedl, Cyfrol 1' yn *Y Traethodydd*, Cyf. CXXXVII, 582, (1982), 41

60 Dewi Eirug Davies: *Diwinyddiaeth yng Nghymru 1927-1977* (Llandysul: Gwasg Gomer, 1984), 106

61 Iorwerth Jones, Llanelli at R. Tudur Jones gan, 4 Medi 1968. Ffeil 59, Casgliad R. Tudur Jones, Archifdy Bangor.

62 Llythyr agored gan R. Tudur Jones at Iorwerth Jones, 18 Chwefror 1976 [ni chyhoeddwyd byth]. Ffeil 65, Casgliad R. Tudur Jones, Archifdy Bangor.

am ei wneud yn un o erthyglau ffydd yr Annibynwyr fod yn rhaid iddynt gredu mewn Beibl annigonol', ac '...yr ydych wedi dangos, heb i mi ddweud dim, fod anoddefgarwch yn rhan o'ch credo.' Diau mai dyma a bery i Maurice Loader wrthod cyhoeddi'r llythyr yn y *Tyst* ac mae'n ddiddorol nodi i Tudur Jones ysgrifennu ar frig y llythyr rai blynyddoedd yn ddiweddarach wrth ei ffeilio: 'Gwrthododd Maurice Loader, fel y golygydd ar y pryd, gyhoeddi hwn – ac yn berffaith iawn, hefyd!'[63]

Dangosodd y dadleuon cyhoeddus gyda Iorwerth Jones mai Tudur Jones oedd un o brif amddiffynwyr deallusol y traddodiad efengylaidd Cymraeg o fewn rhengoedd nid yn unig Annibynia ond hefyd o fewn Anghydffurfiaeth yn gyffredinol. Gellid yn hawdd dwyn cymariaethau rhwng yr hyn a wnaeth Tudur Jones wrth amddiffyn y traddodiad hwn â'r hyn a wnaeth J.E. Daniel, cyn athro Tudur Jones, genhedlaeth ynghynt. Gellid dadlau fod Tudur Jones, wrth etifeddu mantell ei gyn-athro, yn gweld ei hun nid yn unig fel apolegwr traddodiad Cristnogol neilltuol ond fod y traddodiad hwnnw yn un sylfaenol Gymreig.

Oherwydd ei amddiffyn o'r traddodiad efengylaidd enillodd Tudur Jones, er yn anfwriadol, gefnogwyr brwd o blith efengylwyr y cyfnod o fewn Undeb yr Annibynwyr a thu allan iddo. Byddai credinwyr efengylaidd yn dod at Tudur Jones am gyngor ac arweiniad yn aml a dyna'n union a ddaeth i'r amlwg yn 1973 pan agorodd Pennar Davies ddrysau'r Coleg Coffa yn Abertawe i'r Undodwyr. Noel Gibbard, unwaith yn rhagor, a rannodd ei ofid ag ef ar y mater: 'Y mae un athro, a 3 myfyriwr yn Abertawe yn Undodiaid,' meddai Gibbard. 'Nid yw llawer o'r eglwysi yn gwybod hyn.'[64] Penderfynodd Noel Gibbard a'i gyd-swyddogion yn Eglwys Annibynnol Llanedi beidio â derbyn Undodwyr i'w pulpud. Mynegwyd yr un gwrthwynebiad gan Annibynwyr o berswâd efengylaidd ym Meirionnydd – er enghraifft, ysgrifennodd Mari Jones o Lanymawddwy, yr awdures boblogaidd Gristnogol a chyfaill i'r arweinydd efengylaidd Martyn Lloyd-Jones, at Tudur Jones er mwyn mynegi braw a siom am ansawdd y myfyrwyr a ddeuai i lanw pulpudau'r fro. 'Undodwr

63 Ibid.

64 Noel Gibbard at R. Tudur Jones, 3 Ionawr 1973. Ffeil 62, Casgliad R. Tudur Jones, Archifdy Bangor.

oedd yr un ddaeth atom,' adroddai Mari Jones gan ychwanegu fod y myfyriwr yn 'gwadu dwyfoldeb Crist.' Ymhen pythefnos cyrhaeddodd yr ail Undodwr o Abertawe i Lanymawddwy, ond ei anfon yn ôl i Abertawe'n ddiseremoni a wnaeth Annibynwyr Llanymawddwy gan anfon llythyr o eglurhad at y Coleg Coffa yn 'esbonio eu rheswm yn blwmp ac yn blaen.'[65]

Os mai Undodwyr a gynhyrfai Annibynwyr Llanedi a Llanymawddwy, Pabyddion a berai dramgwydd i bobl o berswâd efengylaidd yn Rhydaman ym 1975. Roedd Derwyn Morris Jones, Gweinidog Eglwys Annibynnol Gellimanwydd yn y dref yn ddiwyd yn nhrefniadau'r Ymgyrch Genhadol *Cymru i Grist*, ac ysgrifennodd at Tudur Jones:

> ....ymhen rhyw wythnos daw rhywrai o'r holl eglwysi at ei gilydd i baratoi at y gwaith o ddosbarthu Efengyl Marc. Pawb, ond y Pabyddion. Nid ydym wedi estyn gwahoddiad iddynt hwy, er gwybod fod llawer ohonynt yn gefnogol i'r Ymgyrch. Pan gododd y mater mewn Cyngor Eglwysi Rhyddion yma, yr oedd yn eglur fod un o'r eglwysi sy'n dal cysylltiad agos â'r Mudiad Efengylaidd [Bethany, Methodistiaid Calfinaidd], yn anhapus iawn i'r syniad. Bum innau'n dawedog, gan farnu mai pwysicach oedd sicrhau cefnogaeth yr eglwys honno, na cheisio codi pont rhyngom a'r Pabyddion. Ond rwy'n teimlo'n euog am hyn... Ai peth annheilwng yn eich tyb chwi, yw peidio a'u cyfarch o gwbl, a cheisio eu cymorth?[66]

Amhriodol yw dyfalu beth fyddai ymateb Tudur Jones i ymholiad o'r fath, ond mae'r ohebiaeth yn dangos eto y math o rôl oruchwyliaethol yr oedd yn ei chwarae ymysg Annibynwyr ei gyfnod ac yn arbennig felly wrth drafod pynciau a thensiynau y cysylltir hwy â'r safbwynt clasurol Protestannaidd.

Yn dilyn y safiad hwn, enillodd Tudur Jones nifer o gefnogwyr ac edmygwyr a oedd yn gallu uniaethu eu hunain ag ef. Anfonodd R. Brian Higham, Miskin, lythyr ato ym 1976 er mwyn rhoi 'gair o werthfawrogiad a diolch am eich safiad pendant dros awdurdod Gair Duw ac Efengyl

65 John a Mari Jones, Llanymawddwy at R. Tudur Jones, Ionawr 1973. Ffeil 62, Casgliad R. Tudur Jones, Archifdy Bangor.

66 Derwyn Morris Jones, Rhydaman at R. Tudur Jones, 17 Chwefror 1975. Ffeil 64, Casgliad R. Tudur Jones, Archifdy Bangor.

ein Harglwydd Iesu Grist, y noson o'r blaen ar deledu Harlech.' Mae'n amlwg fod gwŷr o berswâd efengylaidd yn isel eu calon yn ystod y cyfnod hwn ac yn gwerthfawrogi'r mymryn lleiaf o 'ddysgeidiaeth iach' gan i Brian Higham orffen ei lythyr at Tudur Jones gyda'r frawddeg sentimental hon: 'Diolch o galon nad yw'r "lamp olaf" wedi mynd allan yn yr hen wlad 'ma.'[67] Cyfeirio at y sefydliad crefyddol ac addysgiadol seciwlar yr oedd Bobi Jones pan ddywedodd wrth Tudur Jones: 'Pan fo dyn yn gyson yn erbyn y Sefydliad, y mae'n ei baratoi ei hun rywsut ar gyfer ymosodiad; pan ddaw cyd-ddealltwriaeth mae'r awel gysurlon yn iachus iawn i'r ysgyfaint, a hyd yn oed yn ysgytiol. Diolch i chi am y fath ymateb hael.'[68]

Gellid dadlau fod deall arwyddocâd y tensiynau a fodolai oddi fewn Anghydffurfiaeth rhwng rhai unigolion fel Tudur Jones, a goleddai'r safbwynt diwygiedig, a rhyddfrydwyr diwinyddol fel Iorwerth Jones, yn allweddol bwysig wrth ystyried dwy gyfrol *Ffydd ac Argyfwng Cenedl.* Disgrifiodd D. Densil Morgan *Ffydd ac Argyfwng Cenedl* fel 'as much a work of prophecy as of history.'[69] Nid gormodiaith byddai disgrifio'r gweithiau hyn fel catharsis i Tudur Jones wrth iddo geisio esbonio'r cyd-destun a chanfod gwreiddiau'r argyfwng crefyddol a diwylliannol yr oedd Cymru yn ei brofi erbyn y 1970au. Mynnai fod y drwg wedi gwreiddio'n ddwfn. Disgrifiodd D. Densil Morgan *Ffydd ac Argyfwng Cenedl* fel testun proffwydol oherwydd fod y gwaith 'afforded the clearest understanding to date of the roots of the malaise of Welsh Nonconformity which became the defining charecteristic of the social history of twentieth century Wales.'[70] Roedd yr unigrwydd a deimlai Tudur Jones o fewn Undeb yr Annibynwyr mewn perthynas â'i safbwynt diwygiedig yn golygu nad testun academaidd yn unig oedd *Ffydd ac Argyfwng Cenedl* iddo. Yr oedd wedi treiddio'n ddwfn i faes ei astudiaeth ac wedi profi'r

67 R. B. Higham, Miskin at R. Tudur Jones, 29 Mawrth 1976. Ffeil 65, Casgliad R. Tudur Jones, Archifdy Bangor.

68 Bobi Jones at R. Tudur Jones, 26 Awst 1978. Ffeil 67, Casgliad R. Tudur Jones, Archifdy Bangor.

69 D. Densil Morgan: *Wales and the Word – Historical Perspectives on Welsh Identity and Religion* (Caerdydd: Gwasg Prifysgol Cymru, 2008), 209

70 Ibid.

argyfwng a ddisgrifir ganddo yn ei gyfrolau yn bersonol ac yn ei waith beunyddiol fel y tystiodd sawl ysgrif yn y gyfrol *Ffydd yn y Ffau.*

Ei weledigaeth wrth Fyw yn y Dyddiau Diwethaf

Roedd Tudur Jones, yn ôl ei gyffes ei hun, yn arddel safbwynt amhoblogaidd wrth amddiffyn y 'traddodiad clasurol Cristnogol'. Wrth baratoi'r ysgrifau a welir yn y gyfrol *Ffydd yn y Ffau* cyfaddefodd iddo 'ail-fyw'r pyliau o unigrwydd.'[71] Yn Byw yn y Dyddiau Diwethaf, ysgrif estynedig sydd wedi'i chynnwys yn *Ffydd yn y Ffau*, y mae Tudur Jones nid yn unig yn cyflwyno dehongliad cynhwysfawr o sefyllfa gyfoes Cymru yn 1972 ond y mae hefyd yn ceisio dangos sut y gwelai ef natur y berthynas a fodolai yng Nghymru rhwng ffydd a diwylliant a gwleidyddiaeth y genedl. Cydnabu ar ddechrau'r ysgrif fod 'hir ddydd ein cymdeithas Gristnogol Gymraeg yn tynnu tua'i fachlud', ond ychwanega 'mai trychineb anaele fyddai ildio'r gogoniant hwn heb frwydr.'[72]

Dadleua fod y 1960au yn ddegawd arwyddocaol iawn yn hanes yr eglwysi yng Nghymru wrth i Gristnogion ddechrau wynebu'r realiti fod argyfwng ysbrydol eu cenedl yn un waelodol. Yn ei eiriau ef, roedd 'y salwch yn un creiddiol ac nid rhywbeth arwynebol mohono. Yr oedd y leucemia yn yr esgyrn.'

> Nid wynebu argyfwng adrannol yr oeddem bellach ond argyfwng llwyr a'i wreiddyn yn guddiedig yn nyfnder cyfansoddiad ein cenedl. A dechreuodd ddod yn eglur inni na allai dim llai nag edifeirwch yn cyrraedd hyd at y gwreiddyn angheuol hwnnw ddod â iechyd drachefn inni.[73]

Yr awdur amlycaf a gynrychiolai argyfwng ysbrydol y 1960au yn ei olwg oedd John Robinson, Esgob Woolwich, a hynny'n bennaf yn ei gyfrol ddylanwadol *Honest to God*. Yn ôl dehongliad Tudur Jones, gwelai mai sylwedd neges John Robinson oedd fod angen i Gristnogaeth a

71 R. Tudur Jones: *Ffydd yn y Ffae* (Abertawe: Gwasg John Penry, 1973), 9

72 Ibid., 105

73 Ibid., 106

Christnogion, er mwyn ceisio mynd i'r afael â'r argyfwng ysbrydol, drawsnewid eu moeseg a'u hathrawiaeth draddodiadol a'i gwneud yn 'fwy derbyniol i'r awyrgylch oddefol ac empeiraidd gyfoes.' Yn wir, daeth rhai Cymry i ddweud pethau digon tebyg, megis Gwilym O. Roberts yn y *Cymro* a J.R. Jones a ddaeth â syniadau Paul Tillich a'i 'Wacter Ystyr' i sylw'r darllenydd Cymraeg.[74]

Yn gyffredinol, cydnabu Tudur Jones fod y diwylliant gorllewinol yn y 1960au wedi bod yn llawn asbri ac optimistiaeth, ac fe haerodd Harold Macmillan yn 1957 na fu hi 'erioed cystal arnoch.' Fodd bynnag mynnai Tudur Jones ganolbwyntio'n hytrach ar realiti'r bywyd Cymreig: cyfeiriodd at y 2,500 o ffermydd bychain a ddiflannodd o Gymru rhwng 1947 a 1958, carchariad Waldo Williams yn 1960 oherwydd iddo wrthwynebu Gorfodaeth Filwrol a safiad Trefor ac Eileen Beasely, Llangennech, i gael ffurflen dreth cyngor Llanelli yn Gymraeg. Fe'n hatgoffir ganddo fod pleidlais wedi bod dros gau'r tafarnau ar y Sul yn 1961 ac fe bwysleisia mai y rhannau hynny o Gymru a oedd wedi'u Seisnigeiddio a aeth yn 'wlyb'. Ond Tryweryn, meddai, oedd yr 'enw hud'[75] wrth iddi ddod yn symbol a fynegai 'diflastod cenedl gyfan'.[76] Yn 1965 nododd i Gymru golli 35,000 o'i phoblogaeth drwy i'w phobl ymfudo ac ar 21 Hydref 1966 fe 'ddinoethwyd tlodi'r byd soffistigedig' gyda thrychineb Aberfan.[77] Dyma'r amgylchedd a nodweddai'r Gymru y llafuriai'r eglwysi a'r gweinidogion ynddi yn y 1960au. Yr oedd bod yn weinidog yr Efengyl yng Nghymru yn y cyfnod hwn, meddai Tudur Jones, yn 'brofiad llethol'.[78]

Edrychodd Tudur Jones yn fanwl ar ei gyd-destun a cheisio adnabod lle y gorwedd gwreiddyn problemau cymdeithasol ac ysbrydol y Gymru gyfoes. Mae'n debyg mai gwendid ei ddadansoddiad yw ei fod wedi methu gwerthfawrogi cyd-destun ehangach y datblygiadau; hynny yw materoliaeth, ffenomen nad oedd yn neilltuol Gymreig nac hyd yn oed

74 Ibid., 110

75 Ibid., 108-109

76 Ibid., 112

77 Ibid., 112-113

78 Ibid., 115

Brydeinig ond yn un byd-eang yn y byd modern. Roedd Harri Williams yn llygad ei le wrth adolygu *Ffydd ac Argyfwng Cenedl* bod tuedd gan Tudur Jones i weld gwraidd problemau Cymru mewn diwinyddion neu athronwyr yr anghytunai â hwy yn hytrach na derbyn mai'r 'un dylanwad grymus a fu'n gyfrifol am golli ffydd ac am golli iaith, sef y materoliaeth hydreiddiol, ymwthgar, fyd-eang, sydd yn lladdfa i bob diwylliant ac i bob ysbrydolrwydd.'[79]

Nododd Tudur Jones mai yn ystod y 1960au y gwelwyd gostyngiad sylweddol yn y nifer o aelodau eglwysig a fynychai addoliad cyhoeddus. Roedd rhai'n tybio mai diffyg ffyddlondeb ac ymrwymiad i'r achos yn unig a oedd o'i le ond mynnai Tudur Jones fod pethau'n llawer iawn gwaeth na hynny a'i bod hi'n dod yn 'fwyfwy eglur fod gafael Cristnogaeth fel y cyfryw yn llacio yn eu bywydau.' Erbyn hyn meddai, roedd y Cymry wedi dod 'dan ddylanwad ysbryd yr oes' oherwydd 'nad oedd Meddwl Crist yn cael cyfle i ymffurfio ynddynt.'[80] Ond gwelai hefyd fod yr 'esgeuluswyr' hyn wedi gorfodi'r eglwysi i holi o'r newydd y cwestiwn hynod bwysig o bwy yw gwir aelodau Eglwys Iesu Grist. Cymharodd Tudur Jones yr hyn a eilw ef yn 'esgeuluswyr' â'r hyn a ddisgrifiodd fel y 'praidd bychain', roedd y naill yn driw i'w hadeiladau a'u sefydliadau ond roedd y lleill yn sylweddoli bod mwy i Gristnogaeth na hynny. 'Oni bai am bobl o fath y "praidd bychain"', meddai, 'darfuasai ers blynyddoedd am ein treftadaeth Gristnogol Gymraeg.'[81]

Dadleuodd Tudur Jones fod dyfnder a natur niweidiol yr argyfwng ysbrydol nid yn unig i'w weld ymysg y rhai na fynychai dŷ addoli ond ei fod hefyd wedi treiddio i galonnau'r ffyddloniaid eu hunain. Deuai hyn i'r amlwg wrth i drafodaethau, ymysg y ffyddloniaid, mewn seiat neu ddosbarth Beiblaidd 'syrthio i fagl obsciwrantiaeth.' Aethpwyd i alw am 'Efengyl Seml' a 'gweiddi yr oeddynt, petaent ond yn gwybod hynny, am Efengyl dlawd.' Efengyl ddidramgwydd na fyddai'n herio balchder na phechod dyn, ac felly'n gadael dynion dan yr argraff nad oedd angen

79 Harri Williams: 'Adolygiad o Ffydd ac Argyfwng Cenedl, Cyfol 2' yn Y *Traethodydd*, Cyf. CXXXVIII, 586, (1983), 56

80 R. Tudur Jones: *Ffydd yn y Ffae* (Abertawe: Gwasg John Penry, 1973), 117

81 Ibid.

iachawdwriaeth arnynt.[82] Aethpwyd i gredu, hyd yn oed ymysg aelodau eglwysi, fod hawl a rhyddid gan bob un i lunio athrawiaeth yn ôl ei fympwy ei hun:

> Ond y peth sy'n ddifäol yw cynnydd yr argyhoeddiad hwn y tu mewn i'r eglwysi. Ac hyd yn oed i gofleidio athrawiaethau sy'n amlwg groes i Gristnogaeth. Mewn gair, dyma ddynion sy'n galw'i hunain yn Gristnogion ac ar yr un pryd yn gosod eu doethineb eu hunain uwchlaw doethineb Paul a Phedr a Ioan – a'r Arglwydd Iesu Grist ei Hun o ran hynny.[83]

Roedd hyn meddai'n mynd â Chymru hyd yn oed ymhellach oddi wrth wir Gristnogaeth na'r pellter y llwyddodd rhyddfrydiaeth ddiwinyddol ddechrau'r ugeinfed ganrif i'w wneud. Ceisiai rhyddfrydiaeth gynnar ail-fynegi'r ffydd mewn idiom wahanol ond erbyn y 1970au fe lwyddodd rhyddfrydiaeth gyfoes i ail-ddiffinio sylwedd yr hyn a elwir gan Tudur Jones yn 'Ffydd Feiblaidd', yn llwyr. Arwyddocâd hynny oedd fod y newid pwyslais athrawiaethol yma wedi achosi 'toriad barbaraidd yn y traddodiad Cristnogol Cymraeg' a 'dymchwelwyd yr adeilad a gosodwyd ar sail yr apostolion a'r proffwydi a Iesu Grist ei hun yn ben-conglfaen ac yn ei le cawsom glwb dadlau di-orffennol, di-wreiddiau a di-ddyfodol.'[84] Hanfod ei ddadl oedd fod pobl erbyn y 1970au yn cyfarfod yn enw eglwys Crist ond nad oeddent, o reidrwydd, â phrofiad o'i ras achubol nac yn cydnabod ei Arglwyddiaeth.[85] Meddai am addoldai Cymru: '[does] fawr o brawf fod y bobl ynddynt yn gwybod llawer am waith adfywiol gras Duw' a chanlyniad naturiol hynny meddai eto oedd diffyg brwdfrydedd i 'ddod â'u bywyd a'u meddwl i gydffurfiad hapus â'r Efengyl.' Roedd angen i Gristnogion Cymru wisgo amdanynt 'holl arfogaeth Duw' i ymdopi â'r argyfwng a wynebant, a thrwy gymryd arnynt yr arfogaeth byddant yn gallu 'meithrin gwytnwch meddwl Crist' a fyddai, trwy ei ras, yn 'diogelu'r wir Eglwys a dyfodol y diwylliant Cristnogol Cymraeg.'[86] Credai fod yr hyn oedd ar droed yn 'doriad barbaraidd yn y traddodiad

82 Ibid., 118

83 Ibid., 119

84 Ibid., 119-120

85 Ibid., 122

86 Ibid., 122-123

Cristnogol Cymraeg' oherwydd fod troi cefn ar y 'Ffydd Feiblaidd' yn golygu troi cefn ar y traddodiad Cymraeg a luniwyd gan y ffydd honno hefyd. Meddai â'i dafod yn ei foch:

> Gellid ei fwrw yn ei grynswth i'r domen ysbwriel. I fyd hynafiaethau y perthynai Charles Edwards a George Lewis a Thomas Charles a'n tadau Cristnogol i gyd. Nid yn unig hynny. I fyd hynafiaethau y perthynai'r holl drafodaeth odidog a ffynnodd rhwng Cristnogion â'i gilydd trwy'r canrifoedd. "Cesglwch yr holl gyfrolau llychlyd at ei gilydd – Tertwlian ac Origen, Emrys ac Abelard, Occam a Biel, Zwingli a Cranmer, Richard Baxter a John Owen, Pantycelyn a Thomas Jones, Gwilym Hiraethog a Lewis Edwards – a llosgwch hwy. Gallwn lunio athrawiaeth newydd i'n siwtio'n hunain rhwng dwy raglen deledu, heb ddarllen yr un llyfr na throi tudalennau'r Testament Newydd!"[87]

Ond ergyd difrifol y sylwadau hyn, unwaith eto, yw fod Tudur Jones yn priodoli'r argyfwng i'r ffaith syml fod y Cymry – a rheini'n Gymry niferus iawn – wedi gwrthod awdurdod Gair Duw. Ystyr dod yn Gristion meddai yw dod yn aelod o Gorff Crist ac y mae hynny'n digwydd wrth i ddyn ymateb drwy ffydd i'r Newyddion Da sy'n galw dynion i edifarhau, a throi a chredu yng Nghrist. Yn ôl Tudur Jones nid oes ffordd amgen ac meddai 'gyda saint y canrifoedd, yn credu yn Iesu Grist yn ôl yr Ysgrythurau. Nid oes ffordd arall i gredu. Ac y mae i'r Ysgrythurau awdurdod cwbl unigryw fel tystiolaeth i weithgarwch achubol Duw ymhlith dynion. Ac i Gristnogion mae'n dystiolaeth sydd ei hunan o ddwyfol ordeiniad.' Cydnabu nad yw'r Beibl ei hun yn ddwyfol ond mynnai mai drwy'r Ysgrythurau y datguddiwyd y Gair tragwyddol i'r Cymry. Heb gredu'r Ysgrythur ni ellir credu yn y Mab a ddatguddir ganddo, a heb gredu yn y Mab nid oes iachawdwriaeth.[88]

Nid cofnod na dogfen hanesyddol yn unig mo'r Ysgrythurau sy'n nodi sut y bu i Dduw ymyrryd ym mywydau dynion ar hyd yr oesoedd, ond y mae hefyd yn cyhoeddi 'gweithredoedd grasol ac achubol Duw yn

87 Ibid., 120

88 Ibid., 124

ein bywydau ninnau ac yn ein hoes ni.' Credai Tudur Jones fod Duw yn parhau i gyfarch y Cymry heddiw drwy'r Ysgrythurau. Roedd hyn yn neilltuol bwysig iddo ac nid rhywbeth i'w 'gloi ym mherfeddion ein bywyd preifat personol yw gwaith achubol Duw.' Mynnai nad gweithred hanesyddol yn unig mo'r achub ond yn hytrach grym deinamig sydd wedi llunio hanes pobloedd ar hyd y canrifoedd, ac sy'n parhau i wneud hynny nawr. 'Wrth inni fyw'n ufudd i ofynion Teyrnas Dduw mewn hyn o fyd yng Nghymru', meddai, 'fe'n tywysir gan yr Ysgrythurau i weithredu'n berthnasol, yn iachusol ac yn fentrus, yn ôl ewyllys Duw.'[89] Yn anffodus, fe ddaeth dyn i'w weld ef ei hun, yn hytrach na Duw, fel canolbwynt ei fodolaeth, a dyna yn nhyb Tudur Jones yr eglurhad pam y daeth y Beibl yn llyfr gynyddol annealladwy ac amherthnasol i gynifer o Gymry. Mae'r Beibl yn cychwyn gyda'r rhagdybiaeth mai Duw yw'r canolbwynt tra bod dyn yn tybio mai ef ei hun ydyw'r safon. Dyma ddechrau trychineb dyn yn ôl Tudur Jones:

> 'Gwrandewch arnaf fi, a byw fyddwch', meddai Duw. Ond sibrydodd y sarff neges wahanol iawn yng nghlust y ddynoliaeth. 'Ni byddwch feirw ddim ... byddwch megis duwiau.' (Gen. iii, 4, 5). Dyna graidd trychineb dyn.[90]

Penllanw hyn yng Nghymru'r 1960au oedd mabwysiadu dyneiddiaeth fel crefydd newydd. Mynnai Tudur Jones nad oedd lle i Gristnogion gyfaddasu dyneiddiaeth a Christnogaeth gan mai cymrodeddu a wnânt bob amser 'â ffydd arall – a theyrngarwch gwaelodol arall.' Dadleuodd y byddai'r gymdeithas gyfan yn dioddef o ganlyniad i duedd yr Eglwys i gymrodeddu â dyneiddiaeth gan na allai'r Eglwys ddwyn tystiolaeth na dwyn dylanwad ar y gymdeithas gyfan yn effeithiol. Y mae dyneiddiaeth, haerai, yn arwain y Cymry i 'fradychu'i ffydd sofran ei hunan yn y Duw a garodd y byd "fel y rhoddodd efe ei uniganedig Fab fel na choller pwy bynnag a gredo ynddo Ef ..." (Ioan iii, 16)'.[91] Rhaid dewis rhwng Cristnogaeth neu ddyneiddiaeth, 'naill ai cydnabod Iesu Grist yn Arglwydd neu ei fradychu. Os bodlonwn ar roi rhyw ewin o le

89 Ibid., 124

90 Ibid., 127

91 Ibid., 129

iddo ymhlith ein dodrefn crefyddol neu ddiwylliannol, nid ydym yn ei gydnabod fel Gwaredwr.'[92]

Hanfod dadl Tudur Jones yn y fan yma yw mater ystod Brenhiniaeth Crist. A ddylai dyn ildio pob rhan o'i fywyd i frenhiniaeth Crist neu a ddylai ildio rhannau ohoni'n unig? Fe demtir Cristnogion, meddai, i rannu'r frenhiniaeth rhwng Crist a dyn, sy'n brawf o'r tyndra teyrngarwch sydd yn ei galon. Ond y mae'r rhwygo yn mynd ymhellach na hynny oherwydd fe'i hamlygir yng nghymdeithas dynion hefyd. Efallai y byddai dyn yn barod i neilltuo rhan o'i fywyd cymdeithasol i Grist gan adael rhannau ohono i ddilyn awdurdod dynion. Y ddeuoliaeth hon ym meddwl y Cymry, dadleuai, sydd wedi arwain nid yn unig at yr argyfwng ysbrydol ond hefyd at yr argyfwng diwylliannol a wynebai Cymru:

> Mae bywyd a diwylliant y genedl mewn enbydrwydd digyffelyb. Mae grymusterau mamonaidd yn crensian ein harwahanrwydd cenedlaethol yn bowdwr. Estroneiddir ein plant oddi wrth y diwylliant Cristnogion sy'n pontio pymtheg canrif a diwreiddir hwy gan alluoedd cymdeithasol ac addysgol o'r cymundeb oesol sy'n eu cysylltu â'r apostolion a'r proffwydi.[93]

Dywedodd mai penllanw y dylanwad dyneiddiol hwn ar wleidyddiaeth a diwylliant Cymru oedd fod pobl wedi dod i weld cenedligrwydd, iaith a phwysigrwydd bro fel dim mwy na 'mân lwch y cloriannau'. Roedd pobl wedi mynd yn ddibris ohonynt. Yr unig ystyriaethau a oedd o dragwyddol bwys iddynt erbyn hyn oedd materion megis safon byw, cyflogau da a sicrwydd economaidd. Soniodd am y gwleidyddion dyneiddiol fel y rhai a oedd yn cynnig eu hunain fel gwarcheidwaid i'r Cymry ond iddynt fethu'n drychinebus yn y dasg honno oherwydd bod eu gweledigaeth a'u gwleidyddiaeth yn gynnyrch deuoliaeth. Methant â gweld yn glir na ellir gwasanaethu Duw a mamon. Roedd Tudur Jones yn cydnabod fod yna Gristnogion yn gweithio ymhlith yr holl bleidiau gwleidyddol ond gwelai mai bychan a di-nod iawn fu eu dylanwad. Credai mai'r rheswm am ddiffyg dylanwad y gwleidyddion hyn oedd bod y ddeuoliaeth rhwng eu ffydd preifat a'u gwleidyddiaeth seciwlar yn llyffethair iddynt. 'Beth

92 Ibid., 134

93 Ibid., 135

sy'n peri fod pobl sy'n batrymau o garedigrwydd grasol yn eu bywyd personol', holai, 'yn eiddgar amddiffyn polisïau damniol yn eu bywyd cyhoeddus?' Problem y Cymry meddai oedd bod 'bwlch dychrynllyd' wedi agor rhwng yr hyn yr oedd Cristnogion yn ei weld yn sanctaidd a'r hyn a ystyriai'n secwlar.[94] Yr hyn a welwyd oedd bod sancteiddrwydd personol a phreifat yn parhau i gael eu hyrwyddo ond bod Cristnogion yn swil i drosglwyddo'r sancteiddrwydd hwnnw i'r bywyd gyhoeddus:

> Fe'u lleferir o dan y dybiaeth mai problem bersonol yw'r argyfwng sy'n ein hwynebu yng Nghymru ac mai meddyginiaeth bersonol sy'n angenrheidiol i'w datrys. Ond y mae argyfwng Cymru'n argyfwng ysbrydol sy'n crynhoi hefyd yn fframwaith ein bywyd cymdeithasol. Mae Cristnogaeth yn ogystal â bod yn achubiaeth bersonol yn tywys dynion hefyd i chwyldroi cymdeithas baganaidd a hunanol nid oherwydd bod hynny'n mynd i wneud Cristnogion o'n cyd-ddinasyddion di-Grist ond am fod llunio patrwm cymdeithas yn ôl ewyllys Duw'n weithred drugarog i atal pobl rhag effeithiau gwaethaf eu trachwant eu hunain.[95]

Awgrym Tudur Jones yw bod y Cymry wedi anghofio am gyfanrwydd yr Efengyl. Soniodd am 'iachawdwriaeth radical' sy'n 'galw pobl i ymddiried yn gyfan gwbl ym Mab Duw fel Gwaredwr y byd.' Aeth pobl 'yn ddall i ehangder cwmpas Teyrnas Dduw' ac i 'ddeall y Cymod yng ngwaed croes Crist fel rhywbeth main a chyfyngedig i'n bywyd personol,' heb ddeall 'fod rhin y Cymod yn estyn i aduno briwsion chwâl ein gwareiddiad mewn ufudd-dod gorfoleddus i'r Croeshoeliedig.' Canlyniad amlwg 'rhannu'r byd yn ddwy dalaith' – y sanctaidd a'r bydol – oedd 'gosod terfynau ar waith y Cyfryngwr.' Yr oedd y Cymry, meddai, wedi mynd ati i geisio Teyrnas Dduw'n gyntaf yn sŵn emyn a phregeth ond 'allan o'u sŵn, ceisio popeth arall yn gyntaf.'[96]

Perthnasedd hyn oll i genedlaetholdeb Tudur Jones oedd i'r ddyneiddiaeth wleidyddol yma 'ddisodli gwleidyddiaeth Gristnogol' drwy 'ddiystyru'r patrymau cymdeithasol a oedd o ordeiniad Duw.'

---

94 Ibid., 137

95 Ibid., 138

96 Ibid., 138-140

Mynnai fod cyfrifoldeb gan y Cristion i 'lunio patrwm cymdeithas yn ôl ewyllys Duw' a bod hynny'n 'weithred drugarog'. Oherwydd i genhedloedd a diwylliant gael eu creu gan bobloedd o ganlyniad i drefn ac ewyllys Duw fe ddylai'r Cristion o Gymro, yn arbennig y gwleidydd sy'n Gristion o Gymro, wneud 'safiad di-gryn' ar fater rhyddid cenedlaethol Cymru a pheidio â gadael i dynged 'cymdeithas genedlaethol' y Cymry ddibynnu ar fympwy 'sofraniaeth y dyneiddwyr gwleidyddol' a'u 'Rheswm Gwleidyddol' oblegid:[97]

> Nid peth niwtral ac annibynnol yw'r Rheswm Gwleidyddol yng Nghymru mwy nag yn unrhyw wlad arall. Mae yntau wedi'i amodi a'i lygru gan bechod – gan uchelgais, gan hunanoldeb, gan falchder a gwanc am awdurdod. Ac yng ngrym y pechod hwn, hawdd ganddo wrthod trafod dyn yng nghyflawnder amlochrog ei bersonoliaeth – yn ei gysylltiadau teuluol, ei draddodiad hanesyddol, ei genedligrwydd, ei ffydd a'i berthynas â bro – a mynd i'w drafod yn hytrach fel uned economaidd i'w naddu fel bo'n fwyaf cyfleus i weision gwladwriaeth ...[98]

Felly, dadleuodd Tudur Jones fod rhannau helaeth o fywyd cenedlaethol y Cymry wedi ymlithro i fod dan arglwyddiaeth dynion yn eu hyfdra a'u balchder pechadurus yn hytrach nag ildio pob rhan o'u bywyd, y preifat a chyhoeddus, i Arglwyddiaeth Crist. Gwelai fod yna rwyg ym meddwl a chalonnau'r Cymry a oedd angen ei gyfangu ar frys ac er eu lles eu hunain. 'Gorchfygir pob rhwyg ac ysgariad', meddai, 'trwy'r Cymod yn Iesu Grist.' Yn gyntaf yr oedd y Cymod yn un personol â Duw ac er i'r ensyniad o gael eich 'achub' a chael 'tröedigaeth' gael ei ddifrïo yn y Gymru a oedd ohoni, meddai, dyna mewn gwirionedd oedd angen mwyaf dynion. Dyma wedi'r cyfan oedd cyfarwyddyd y Gair: 'Oddi eithr geni dyn drachefn, ni ddichon efe weled teyrnas Dduw', meddai Ioan 3:3; ac wedi i'r Ysbryd Glân atgenhedlu'r Cristion fe'i himpir i Gorff Crist, yr Eglwys. Ymhellach, y mae'r Cymod personol yn cael ei osod 'mewn ffrâm gymdeithasol a chwmpasog' oherwydd nad rhywbeth preifat i'w gyfyngu i'r neilltuedig gylchoedd 'crefyddol' yw'r iachawdwriaeth yng Nghrist ond yn hytrach y mae'r 'ail-eni'n borth sy'n arwain i fywyd sydd

97 Ibid., 138-142

98 Ibid., 142

dan lywodraeth Duw'r cread oll.'[99] Hynny yw, fe wnelo'r Cyfamod â bywyd yn ei gyfanrwydd ac nid â rhannau ohono'n unig:

> Canys trwyddo ef y crëwyd pob dim a'r sydd yn y nefoedd, ac sydd ar y ddaear, yn weledig ac yn anweledig, pa un bynnag ai thronau, ai arglwyddiaethau, ai tywysogaethau, ai meddiannau; pob dim a grëwyd trwyddo ef, ac erddo ef. Ac y mae efe cyn pop peth, ac ynddo ef y mae pop peth yn cydsefyll. (Colosiaid 1:16-17)

Roedd Tudur Jones yn cydnabod fod yr holl bethau hyn, y thronau, yr arglwyddiaethau a'r tywysogaethau 'ym meddiant cythreuliaid neu wrthryfelwyr eraill yn erbyn Duw' dros dro, a hynny o ganlyniad i'r cwymp a dylanwad pechod. Serch hynny, mynnai mai eiddo i Dduw yng Nghrist ydynt a dylent gael eu had-feddiannu gan ddilynwyr Crist yng Nghymru. Wrth i 'trachwant a hunanoldeb dynion' arwain at anhrefn ac ysgaru gwerthoedd oddi wrth ei gilydd yr oedd dynion a wasanaethai Crist yn dod â 'Chymod sy'n dwyn trefn yn ôl i'r byd.'[100] Mynnai nad unigolyn preifat sydd ar bererindod drwy'r byd yw'r Cristion gyda rhai 'egwyddorion' Cristnogol i'w 'cymhwyso' pan fo'n briodol, ond yn hytrach y mae'n 'marchogaeth i frwydr gyda byddin Duw i ryfela tros y Deyrnas ar diriogaeth na fu'n eiddo i neb un amser ond ei Dduw.' Hynny yw, y mae'n fyd olwg cyfan, holistaidd heb derfynau. Daw popeth yn ddarostyngedig i Arglwyddiaeth Crist.[101]

Y mae Corff Crist yn y byd ac yn rhan o'r byd. 'Lle bynnag y mae'r gwaredigion wrthi'n gwasanaethu'r Deyrnas', meddai, 'yno mae Corff Crist.' Yn y fan yma y mae Tudur Jones yn mynegi ei gred mewn pechod cyfundrefnol, sef ymgnawdoliad pechod mewn sefydliadau diwylliannol a chymdeithasol yn ogystal â mewn ffurfiau personol. Fodd bynnag ni ddylid meddwl bod Cristnogion fel Corff Crist mewn rhyfel â natur, gweithgaredd economaidd, neu unrhyw beth arall 'bydol' neu 'materol'. Ond yn hytrach, mewn 'rhyfel yn erbyn gafael pechod ar y pethau hyn' y mae Corff Crist. Ymhellach, nid yn erbyn dynion sydd heb eu

99 Ibid., 144

100 Ibid., 145

101 Ibid.

hatgenhedlu drwy'r Ysbryd Glân y mae'r rhyfel chwaith, ond yn hytrach 'yn erbyn darostwng Dyn i wasanaeth Diafol.'[102]

Wrth ystyried y gwleidyddol, y mae'r hyn a ddywedodd Tudur Jones am Gorff Crist yn dra phwysig. Mynnai fod Corff Crist yn bresennol ble bynnag y mae Cristnogion yn gweithredu'n ufudd i Dduw: 'Duw'n galw dynion i gyfrifoldeb uniongyrchol i Grist yn y meysydd lle maent yn gwneud gwaith y Deyrnas'. Hynny yw, y mae'r gwleidydd o Gristion yn uniongyrchol atebol i Dduw. Yn yr un modd y mae'r economegydd, yr amaethwr, yr awdur a'r cerddor o Gristion yn uniongyrchol gyfrifol i Dduw. Nid ydynt yn gyfrifol i Dduw trwy'r sefydliad 'crefyddol' a hynny oherwydd fod Corff Crist drwyddi yn atebol i Dduw yn uniongyrchol. Y pwyslais a geir yma yw bod pob rhan o gymdeithas ag iddi dasg benodol yn uniongyrchol gyfrifol i Dduw gan fod y cyfan o dan Benarglwyddiaeth Crist.[103] Dyma'r hyn a adnabyddir yn y traddodiad Calfinaidd fel 'Sofraniaeth y Sfferau'. 'Ultimate sovereignty belongs to God,' meddai E. L. Hebden Taylor, 'while derivative sovereignties belong to the various spheres of human society, so that these spheres are coordinately, rather than subordinately, related.'[104] Arwyddocâd y weledigaeth hon yw ei bod, ar y naill law, yn gochel rhag syniadaeth theocrataidd sy'n ceisio tynnu pob rhan o gymdeithas dan reolaeth yr eglwys, a'i fod ar y llaw arall yn gochel rhag Cristnogaeth arallfydol sy'n gwadu awdurdod Crist dros gymdeithas a diwylliant y byd hwn. Mae'r weledigaeth hon yn cynnig fframwaith Gristnogol i ymhél â chymdeithas mewn ffordd sydd yn ei chwyldroi yng ngoleuni buddugoliaeth Crist, yn hytrach na cheisio ei gorthrymu neu'i chondemnio fel y gwnaeth rhai Cristnogion drwy hanes.

Datblygai Tudur Jones ei drafodaeth drwy ystyried sefydliadau nad ydynt yn grefyddol eu naws, megis pleidiau gwleidyddol, undebau llafur ac yn y blaen. Dadleuai y gallai'r sefydliadau hyn fod yn gwasanaethu Teyrnas Dduw yn eu gwahanol feysydd a hynny drwy fod yn ffurfiau ar Gorff Crist. Sail ei ddamcaniaeth oedd ei gred fod Corff Crist yn

102 Ibid., 147

103 Ibid.

104 E. L. Hebden Taylor: *The Christian Philosophy of Law, Politics And The State* (Nutley, New Jersey: The Craig Press, 1969), 50

bresennol lle bynnag yr oedd Cristnogion yn tystiolaethu, hyd yn oed y tu allan i gylchoedd crefyddol. Mynegodd ei siom nad oedd gan Gorff Crist yng Nghymru ei sefydliadau addysg, ag eithrio'r colegau diwinyddol, i ateb yn uniongyrchol i Dduw. Meddai:

> Gwyn fyd na allem ychwanegu fod gan Ymneilltuwyr Cymru lu mawr o ysgolion elfennol ac uwchradd – ie, a choleg Prifysgol – sydd yr un modd yn ffurfiau addysgol ar Gorff Crist. Ni allwn ddweud hynny. Tristwch ein hargyfwng yw bod ein plant bach wrth y miloedd mewn amgylchfyd addysgol sy'n gwasanaethu anffyddiaeth a sarhad marwol tuag at y traddodiad hwnnw o wasanaethu'r Deyrnas a gynrychiolir gan ein tadau.[105]

Ymhellach cyflwynodd gwestiwn rhethregol ynghylch y priodoldeb o ystyried sefydlu plaid wleidyddol Gristnogol pe bai'r prif bleidiau'n parhau i fod yn 'ddibris o'r traddodiad Cristnogol Cymraeg'. Mynnai, yn wyneb y dystiolaeth yr oedd wedi'i gyflwyno am argyfwng ffydd a diwylliant y Cymry, nad 'cwestiynau academaidd yw'r rhain mwyach' a bod angen i Gristnogion wynebu'r her.[106] Er iddo osod y cwestiwn hwn gerbron ei gynulleidfa ymddengys nad oedd erioed wedi ystyried o ddifri mynd ati i sefydlu plaid wleidyddol benodol Gristnogol yng Nghymru. Ymhellach, gellid dadlau y byddai cymryd cam o'r fath yn anghyson â phrif lif ei feddwl gwleidyddol gan fod tuedd gan bleidiau Cristnogol, fel yr esbonia Paul Freston, i fod yn adweithiol a chanolbwyntio ar orfodi moesoldeb Gristnogol ar bawb. Meddai:

> It has often been assumed that religiously inspired parties will be carriers of anti-modern reactions restrected to certain sectors of society, and will tend to disappear; but also that, should they achieve power, they would represent a serious threat to freedom, pluralism and democracy.[107]

Esboniwyd fod llif meddwl Tudur Jones ynghylch Penarglwyddiaeth Iesu dros fywyd yn ei gyfanrwydd yn rhoi mandad i'r Cristion ymhél ag ystod eang o faterion gwleidyddol. Ond gwelodd Blaid Cymru fel y blaid briodol i Gristnogion weithio drwyddi.

---

105 R. Tudur Jones: *Ffydd yn y Ffae* (Abertawe: Gwasg John Penry, 1973), 148

106 Ibid., 149

107 Paul Freston: *Protestant Political Parties – A Global Survey* (Aldershot: Ashgate Publishing Ltd., 2004), 1

Daw *Byw yn y dyddiau Diwethaf* i'w therfyn gydag adran dan y pennawd: 'Haleliwia!' Nodai mai braint pob Cristion yw cael ymuno ag 'asbri' byddin gyda'r Iesu yn farchog iddi. Fe bwysleisiodd eto fod yn 'rhaid inni adael i Feddwl Crist hydreiddio ein holl weithgarwch' a 'carthu allan bob tuedd i dybio mai tynged drist dynion yw ymlafnio i'w hachub eu hunain.' Gwneir hyn drwy 'annog ein gilydd i gymryd ein trwytho yng Nghair Duw' a bydd hynny'n arfogi'r Cristion i 'ymddisgyblu i weld dyn a'i dynged, y byd a'r hyn oll sydd ynddo, o safbwynt Crist a'i Deyrnas.' Rhaid oedd dod ag oes 'crefydda linc-di-lonc' i ben, yn ogystal â'r arfer o 'chwarae anghyfrifol â hanfodion y ffydd Gristnogol.'[108] Hanfod ei ddadansoddiad a'i ddadl yn *Byw yn y dyddiau Diwethaf* yw mai drwy ddylanwad Cristnogaeth y byddai llenwi'r gwacter ym mywyd ysbrydol a diwylliannol Cymru yn digwydd.

> Aeth ein byd yn deilchion. A'r hyn sy'n digwydd i ddinasyddion byd a aeth yn deilchion yw na allant ganfod ystyr pethau. Dyma'r "gwacter ystyr" y buom yn sôn gymaint amdano yn y chwedegau ... Ni fwriadwyd inni erioed wneud peth mor aruthrol â thywallt ystyr i'n bywyd briw. Y Newyddion Da yw mai yng Nghrist y mae popeth yn cydsefyll. Trwy eu cysylltiadau ag Ef y mae pob rhan o'n bywyd a'n Cread yn derbyn ystyr.[109]

Y Genedl Gristnogol?

Gwelwyd felly fod Tudur Jones yn dadlau'n glir iawn mai creadigaeth dyn yw diwylliant a'r genedl a bod natur yr hyn sy'n cael ei greu ganddo'n adlewyrchu ei amgylchfyd a'i fyd-olwg. Dadleua fod y diwylliant Cymraeg felly, oherwydd dylanwad y ffydd Gristnogol, yn ddiwylliant a oedd, yn ei hanfod, yn un Gristnogol. Creodd y Cymro ei ddiwylliant ei hun gyda'r adnoddau crai hynny a oedd yn ei amgylchynu. Yr adnoddau crai hynny oedd y Ffydd Gristnogol a'r Beibl. Aeth ymhellach a dweud mai'r un traddodiad Cristnogol arbennig a ddylanwadai ar fwyafrif o Gymry hyd at fachlud y Bedwaredd Ganrif ar Bymtheg oedd yr hyn a adnabyddai fel

108 R. Tudur Jones: *Ffydd yn y Ffae* (Abertawe: Gwasg John Penry, 1973), 150-151

109 Ibid., 152

y 'traddodiad clasurol Cristnogol'[110] neu'r 'Cytgord Efengylaidd'[111] fel y cyfeiria ato mewn man arall.

Wrth adolygu cyfrol gyntaf *Ffydd ac Argyfwng Cenedl* mynegodd Harri Williams ei ddymuniad i Tudur Jones, yn yr ail gyfrol, gyflwyno 'diffiniad gofalus o'r hyn a olygir wrth y 'Cytgord Efengylaidd.''[112] Er na cheir diffiniad taclus yno, yn ei bamffled *Pwy yw'r bobl efengylaidd?* mae Tudur Jones yn awgrymu fod y traddodiad hwn yn hawlio pedair nodwedd arbennig. Yn gyntaf, dysgai'r traddodiad mai gair Duw yw'r Beibl, gair i ymddiried ynddo, i'w gredu ac i weithredu mewn ufudd-dod iddo. Yn ail, dysgai fod marwolaeth ac atgyfodiad Iesu yn ffeithiau a bod credu hyn yn rhan o hanfod y wir ffydd. Yn drydydd, dysgai fod yn rhaid i bawb ymwrthod â drygioni a'u hunanoldeb, hynny yw pechod, drwy brofi tröedigaeth. Ac yn bedwerydd, dysgai fod y ffydd Gristnogol yn rhywbeth ymarferol i'w harfer a'i gweithredu ym mywyd bob dydd, ond bod cadwedigaeth wedi'i seilio ar ffydd drwy ras ac nid drwy ymdrech a gweithredoedd.[113] Y mae'r nodweddion hyn a bwysleisir gan Tudur Jones yn adlewyrchu nodweddion *quadrilateral* David Bebbington a fynegodd yn ei gyfrol *Evangelicalism in modern Britain*:

> There are the four qualities that have been the special marks of Evangelical religion: conversionism, the belief that lives need to be changed; activism, the expression of the gospel in effort; biblicism, a particular regard for the Bible; and what may be called crucicentrism, a stress on the sacrifice of Christ on the cross. Together they form a quadrilateral of priorities that is the basis of Evangelicalism.[114]

Fodd bynnag, er i Tudur Jones dderbyn bod ymgais Bebbington i

---

110 Ibid., 9

111 R. Tudur Jones: *Ffydd ac Argyfwng Cenedl – Hanes Crefydd yng Nghymru 1890-1914, Cyfrol 1* (Abertawe: Gwasg John Penry, 1981), 52

112 Harri Williams: 'Adolygiad o Ffydd ac Argyfwng Cenedl, Cyfrol 1' yn *Y Traethodydd*, Cyf. CXXXVII, 582, (1982), 42

113 R. Tudur Jones: *Pwy yw'r bobl efengylaidd?* (Caerdydd: Cynghrair Efengylaidd Cymru, 1996), 2-5

114 David W. Bebbington: *Evangelicalism in modern Britain: a history from the 1730s to the 1980s*, 6ed Argraffiad, (Llundain: Routledge, 2002) 2-3

ddiffinio efengyliaeth yn fan cychwyn defnyddiol, dadleuodd yn *Grym y Gair a Fflam y Ffydd* fod 'y ffydd efengylaidd fel y cafodd ei chyflwyno yng Nghymru'n cwmpasu cyfanrwydd yr athrawiaeth Gristnogol.' Hynny yw, petrusai rhag rhoi'r argraff fod efengyliaeth Gymreig yn rhoi sylw i rai agweddau o weithgarwch Duw ar draul rhai eraill. Mynnai, er enghraifft, fod gan ddynion fel Thomas Charles, Thomas Jones o Ddinbych, Henry Rees a Gwilym Hiraethog 'ddarlun crwn iawn' o'r athrawiaethau a nodir gan Bebbington. Dywedodd ymhellach fod y traddodiad efengylaidd yng Nghymru wedi rhoi pwyslais ar 'waith Duw yng Nghrist yn cymodi'r byd ag Ef ei hun', ond fod hon yn neges 'yr oedd yn rhaid i bobl, os oeddent am gael eu hachub, ymateb yn bersonol iddi.'[115] Roedd i'r efengyl felly ei hapêl bersonol, ond eto nid efengyl unigolyddol oedd hi gan mai ei chraidd oedd y syniad fod Duw yn cymodi'r byd yn gyfan. Gellid deall y sylwadau hyn, a hynny ar ddiwedd ei yrfa yn 1995, fel ymgais i ddangos sut yr oedd efengyliaeth Gymreig yn wahanol i efengyliaeth gyfoes yr 1990au nad oedd, efallai, yn 'cwmpasu cyfanrwydd' nac yn rhoi darlun 'crwn' o'r ffydd Gristnogol.

Un o gyfoeswyr ysgolheigaidd Tudur Jones a goleddai safbwynt tebyg iddo oedd R. M. (Bobi) Jones. Yn ei chyfrol *Casglu Darnau'r Jig-So – theori Beirniadaeth Lenyddol R. M. (Bobi) Jones* y mae Eleri Hedd James yn esbonio sut y bu i fyd olwg Galfinaidd Bobi Jones ei arwain i weld bod yna ddau fath sylfaenol o bobl yn y byd: y rhai sydd wedi'u haileni yng Nghrist a'r rhai hynny sy'n parhau i fod yn farw'n ysbrydol. Dyma'r un safbwynt, yn ei hanfod, yr oedd Tudur Jones yn ei arddel. Pwysleisiodd Tudur Jones, er enghraifft, fod dynion angen 'cymod personol â Duw' ac nad oedd 'gwamalu i fod ar y pen hwn.'[116] Bu Bobi Jones yn drwm dan ddylanwad Calfinwyr o draddodiad yr Iseldiroedd, yn arbennig Henry R. Van Til a ddywed yn ei gyfrol *The Calvinistic Concept of Culture* 'as a result of the presupposition of faith, there now is a division in mankind.'[117] Yr oedd yr ailanedig yn gallu creu a gwerthfawrogi diwylliant yng ngoleuni

115 R. Tudur Jones: *Grym y Gair a Fflam y Ffydd*, D. Densil Morgan gol. (Bangor: Canolfan Uwch-Efrydian Crefydd yng Nghymru, 1998), 306

116 R. Tudur Jones: *Ffydd yn y Ffae* (Abertawe: Gwasg John Penry, 1973), 144

117 Henry R. Van Til: *The Calvinistic Concept of Culture* (Grand Rapids: Baker Academic, 2001), 179

eu profiad a'u cred ym mhenarglwyddiaeth Crist, ond roedd y dimensiwn hwnnw i'r diwylliannol tu hwnt i gyrraedd y rhai nad oedd wedi eu hail eni. Aeth Bobi Jones felly i gredu, yn ôl Eleri James, 'fod y bobl hynny a ailaned yn effro i ddimensiwn arall ar fywyd ac o'r herwydd fod ganddynt fewnolwg ddyfnach, Dduw-roddedig i'r byd materol a'r byd ysbrydol.'[118]

Er na aeth Tudur Jones mor bell â Bobi Jones dadleuodd bod 'toriad barbaraidd'[119] wedi digwydd rhwng y Cymry a'u gorffennol ac i hyn ddigwydd wrth i Gymru gael ei seciwlareiddio: roedd y Cymry, meddai, yn pellhau oddi wrth y 'meddwl Cymreig'. Yr awgrym a geir ganddo yw bod ffydd yng Nghrist, ac yna ei gydnabod yn Frenin, yn gyfrwng i ddyn ddeall ystyr sylfaenol ei fodolaeth fel crëwr diwylliant: â ymhellach ac awgrymu fod ffydd yng Nghrist yn galluogi'r Cymry i weld mewn ffordd real iawn ei drysor diwylliannol ei hun. Prif broblem y fath hon o gyfundrefn syniadol yw ei bod yn anghynhwysol. Drwy sôn am y meddwl Cymreig, sef y traddodiad Cristnogol y perthynai ef iddo, yr oedd perygl i Tudur Jones roi'r argraff mai'r 'cadwedig' yn unig a allai gyfranogi o'r *wir* ddiwylliant Cymraeg a'r wir genedl Gymreig. Problem debyg a welodd Eleri Hedd James yn syniadaeth Bobi Jones pan ddywedodd:

> Hawdd gweld sut y mae'r carfanu hwn wedi arwain at dramgwydd a drwgdeimlad ar sawl lefel. Gellid cydymdeimlo â'r darllenydd secwlar nad yw'n gwerthfawrogi sylwadau sy'n awgrymu bod ei ddirnadaeth o'r byd rywsut yn gyfyngedig ac anghyflawn. Gellid dychmygu ei brotest nad yw'r ffaith ei fod yn gwrthod Cristnogaeth yn golygu na all werthfawrogi llenyddiaeth, sy'n trafod pob spectrwm ar fywyd – gan gynnwys crefyddau eraill – yn llawn.[120]

Ond wrth gwrs, er i Tudur Jones a Bobi Jones o ran hynny godi cwestiynau ynglŷn â'r angen am ysgolion a sefydliadau neilltuol Gristnogol yng Nghymru yr oeddynt ill dau, i wahanol raddau, yn cyd-gyfranogi yn y frwydr genedlaethol gydag unigolion nad oeddynt yn

118 Eleri Hedd James: *Casglu Darnau'r Jig-So – Theori Beirniadaeth Lenyddol R.M. (Bobi) Jones* (Caerdydd: Gwasg Prifysgol Cymru, 2009), 58

119 R. Tudur Jones: *Ffydd yn y Ffae* (Abertawe: Gwasg John Penry, 1973), 120

120 Eleri Hedd James: *Casglu Darnau'r Jig-So – Theori Beirniadaeth Lenyddol R.M. (Bobi) Jones* (Caerdydd: Gwasg Prifysgol Cymru, 2009), 58

Gristnogion a hynny drwy eu hymwneud â gwahanol gymdeithasau secwlar, yn bennaf Plaid Cymru. Ar un olwg yr oedd anghysondeb yn syniadaeth Tudur Jones. Yr oedd ei ddehongliad o gyfnod 1890-1914 yn *Ffydd ac Argyfwng Cenedl* a'i ddadansoddiad o'r presennol yn *Byw yn y Dyddiau Diwethaf* yn dangos ei fod yn argyhoeddedig fod argyfwng ysbrydol a gwleidyddol-ddiwylliannol Cymru yn gyd-ddibynnol. Os felly, onid unigolion oedd yn medru gwerthfawrogi dimensiwn ysbrydol argyfwng Cymru oedd â'r gallu i gyfranogi i'w hadferiad? Yn ymarferol, nid fel yna y gweithredodd Tudur Jones.

Yn ôl Bobi Jones, y resymwaith a'i arweiniodd ynghyd â Tudur Jones i gyd-weithio gyda chenedlaetholwyr nad oedd yn Gristnogion oedd yr athrawiaeth Galfinaidd o Ras Cyffredin.[121] Dysgai athrawiaeth Gras Cyffredin fod gras yn 'syrthio ar bawb yn ddiwahân'.[122] Yr enghraifft a rydd Bobi Jones o hyn yw bodolaeth llenorion Cristnogol gwael nad ydynt wedi derbyn ffrwyth gras yn y byd llenyddol.[123] Ategir y pwynt hwn gan Tudur Jones yn *Yr Ysbryd Glân* pan ddywedodd fod dynion o fewn y cylch Cristnogol a thu allan iddi wedi llwyddo 'i ysgrifennu llenyddiaeth odidog, i gyfansoddi cerddoriaeth soniarus, i baentio lluniau prydferth, i lunio cyfreithiau cyfiawn ac adeiladu palasau a themlau heirdd.'[124] Yn y cyd-destun gwleidyddol, ystyr Gras Cyffredinol yw fod cyfiawnder yn bosibl ar y ddaear – ac ar y lefel ddinesig yn ogystal – a bod modd i'r Cymry hynny nad ydynt yn Gristnogion gyfranogi ohoni. Dywedodd y diwinydd Louis Berkhof:

> Common grace enables man to perform what is generally called *justitia civilis*, that is, that which is right in civil or natural affairs... Reformed theologians generally maintain that the unregenerate can perform natural good, [and] civil good...[125]

121 Cyfweliad Rhys Llwyd gyda Bobi Jones, 10 Ionawr 2006.

122 Ibid.

123 Ibid.

124 R. Tudur Jones: *Yr Ysbryd Glân* (Caernarfon: Llyfrfa'r Methodistiaid Calfinaidd, 1972), 179

125 Louis Berkhof: *Systematic Theology* (Caeredin: Banner of Truth, 1976), 443. Gwelir hefyd Vincent E. Bacote: *The Spirit in Public Theology – Appropriating the Legacy of Abraham Kuyper* (Grand Rapids, Michigan: Baker Academic, 2005), 79-84

Mae'r athrawiaeth hon o'r traddodiad Calfinaidd yn sicr yn ein cynorthwyo i ddeall meddwl a gweithgaredd gwleidyddol Tudur Jones. Pe na bai Tudur Jones wedi arddel yr athrawiaeth hon a fynnai fod bendithion Gras Cyffredinol wedi dod i'r byd, yna ni fyddai wedi gallu gweithio oddi fewn i blaid wleidyddol a oedd yn cynnwys ymhlith ei haelodau Gymry nad oeddynt yn Gristnogion, oherwydd ni fyddai'r aelodau hynny yn gallu ceisio cyfiawnder.

O gymryd syniadaeth Tudur Jones yn gyfan, gellir awgrymu ei fod yn gweld dimensiwn ysbrydol i'r frwydr genedlaethol yng Nghymru. Gwelai fod problemau diwylliannol a gwleidyddol Cymru yn deillio o argyfwng ysbrydol. Ni allai gwleidyddiaeth, ar ei ben ei hun, ddatrys argyfwng Cymru. Roedd brwydr Cymru i'w hymladd ar sawl lefel a dylai pawb wynebu eu cyfrifoldeb o ddifri ac ysgwyddo rhan o'r baich. Gellir dadlau, yn wyneb y dystiolaeth o'i waith cyhoeddedig a'i weithgarwch gwleidyddol a chrefyddol, na ymfodlonai Tudur Jones byth ar Gymru hunanlywodraethol Gymraeg na ddyrchafai enw Crist. Nid naill ai yr ysbrydol neu y diwylliannol oedd hi yng ngweledigaeth Tudur Jones oherwydd yr oedd y cyfan wedi cyd-blethu. Felly, gweledigaeth holistaidd am adferiad Cymru oedd ei weledigaeth ef, ac yr oedd yn cwmpasu'r gwleidyddol a'r diwylliannol, ond gyda'r Cymod yng Nghrist ac Arglwyddiaeth Crist yn ben ar y cyfan. Deuai'r weledigaeth holistaidd yma am adferiad Cymru yn eglur yn yr ohebiaeth ddadlennol canlynol rhyngddo ef a Gwynfor Evans yn 1976:

> ....Ond yn y maes lle gorwedd fy ngwaith a'm gofal beunyddiol, yr wyf yn gweld rhyw lewyrch o oleuni. Yn un peth, yr wyf yn credu imi lwyddo ymhlith fy myfyrwyr fy hun – ac nid oes dim diolch i mi am hynny – i ddiogelu'r egwyddor fod dilyn Crist ac ymgeleddu a chyfoethogi bywyd Cymru'n cerdded law-yn-llaw ... Fy hyder yw y bydd y rhain fel lefain yn y blawd ... Ni ŵyr Iorwerth sut mae ymateb i'r egni rhagorol sy'n cynyddu ymhlith ein cenhedlaeth ifanc. Mae'n glynu'n dynn wrth ffurf ar Ryddfrydiaeth Ddiwinyddol sydd bellach yn waeth nag amherthnasol – mae hi'n rhwystr positif i ddatblygiadau creadigol ac mae hi'n digalonni'r to ifanc newydd sy'n priodi sêl angerddol at y Ffydd Gristnogol â thystiolaeth hunanaberthol tros hawliau'r iaith a'r genedl ...

> Credaf fod y sylwadau hyn yn berthnasol i'r thema. Yn y diwedd, ffydd sy'n rhyddhau egni ac yn tanio hunanaberth ac ymroddiad. Dyna pam mae'n ddyletswydd ar y rhai ohonom sy'n dwyn cyfrifoldeb uniongyrchol am yr eglwysi ac am addysg gweinidogion i roi sylw gwirioneddol ddifrifol i bopeth a all beri adnewyddiad yn yr eglwysi. Achubwyd ein cenedl o bosibilrwydd difodiant fwy nag unwaith gan adnewyddiad Cristnogol mawr. Credaf mai dyna'n gobaith ni'n awr.[126]

Mae'n bwysig nodi na roddai Tudur Jones unrhyw werth dwyfol i'r genedl na'r diwylliant Cymraeg, gan mai cynnyrch dynol oeddent. Ond gan fod y genedl a'i diwylliant wedi'u ffurfio gan y Cymry mewn ufudd-dod i'r gorchymyn diwylliannol ac o'r adnodd crai Cristnogol oedd yn eu hamgylchynu, yr oedd hyrwyddo a gwarchod y genedl a'r diwylliant Cymreig yn rhan o gyflawnder y bywyd Cristnogol. Felly, wrth ddarganfod ei phwrpas fel rhan o'r adferiad mawr dan Benarglwyddiaeth Crist fe fyddai cenedl y Cymry yn ei chyflawnder yn cael ymbresenoli'i hun yn hyderus ymhlith y cenhedloedd eraill o bob iaith a fyddai 'yn sefyll o flaen yr orsedd ac o flaen yr Oen.' (Datguddiad 7:9).

126 R. Tudur Jones at Gwynfor Evans, 30 Hydref 1976. Ffeil 74, Casgliad R. Tudur Jones, Archifdy Bangor.

Casgliad

Nid rhywbeth ar wahân i'r Efengyl oedd gweithgaredd diwylliannol yn nhyb Tudur Jones ond yn hytrach rhywbeth a darddai o gyflawnder yr Efengyl ei hun. Seiliodd Tudur Jones ei ddadl ar Arglwyddiaeth Crist, a oedd wedi'i ddyrchafu i wisgo'r 'enw sydd goruwch pob enw' (Philipiaid 2:9) ac wedi'i 'goroni â gogoniant ac anrhydedd' (Hebreaid 2:7) trwy ei farwolaeth a'i atgyfodiad. Yn ôl dehongliad Tudur Jones o'r adnodau hyn y mae Iesu yn Arglwydd ar holl fywyd dyn, gan gynnwys ei brysurdeb diwylliannol.[1]

Serch hynny, rhywbeth wedi'i greu gan ddyn yw diwylliant yn ôl Tudur Jones a hynny mewn ufudd-dod i orchymyn Duw. Roedd Tudur Jones yn glir ei farn mai dyn yn hytrach na Duw a greodd genhedloedd: 'God did not create nations', meddai, 'God created man and man formed nations'.[2] Hynny yw, yn ei fenter a'i weithgaredd diwylliannol fe greodd dyn genhedloedd. Ni allai Tudur Jones dderbyn y ddysgeidiaeth mai Duw ordeiniodd ac a greodd genhedloedd. Wrth i rai ddadlau fod y genedl yn un o 'ordinhadau'r greadigaeth' gofid Tudur Jones oedd y gallai hynny gymylu'r gwahaniaeth hanfodol rhwng hanes yr achub a hanes cenedl. 'To make nationhood one of the ordinances of creation,' meddai, 'is to run the very serious risk of elevating nation history into salvation history ... That is not Christianity. It is paganism.'[3]

Ar ôl yr Ail Ryfel Byd cynyddodd yr ymdeimlad fod Cymru mewn perygl o golli ei hunaniaeth, ac yn wir, credai nifer ei bod yn argyfwng ar Gymru. Trafodwyd ymateb yr Annibynwyr Cymraeg a Phlaid Cymru i'r argyfwng hwn a gwelwyd sut y bu i Tudur Jones gyfrannu'n helaeth i drafodaeth

---

1 R. Tudur Jones: 'Crist: Gobaith Cenedl' yn *Gwinllan a Roddwyd*, Dewi Eurig Davies gol. (Christopher Davies, 1972), 100

2 R. Tudur Jones: 'Christian Nationalism' yn *This Land and People*, Ballard & Jones gol. (Caerdydd, 1979), 76

3 R. Tudur Jones: 'Christian Nationalism' yn *This Land and People*, Ballard & Jones gol. (Caerdydd, 1979), 86

y cyfnod. Yr hyn a ddaeth yn amlwg yn ysgrifau a phamffledi Tudur Jones oedd ei fod yn dadlau o safbwynt y diwinydd Cristnogol ar y naill law, ond ei fod hefyd yn ceisio mynd i'r afael â'r dadleuon gwleidyddol-economaidd. Dangosai hyn fod Tudur Jones yn sylweddoli y byddai angen polisïau pendant ar Blaid Cymru pe bai unrhyw obaith ganddi o ennill mewn etholiad. Ond nid dadleuon digyswllt oedd ei ddadleuon moesol a diwinyddol a'i ddadleuon gwleidyddol-economaidd. Yn hytrach ffrwyth ei ddehongliad o ystyr penarglwyddiaeth Crist sydd i'w gyfrif am ehangder ei ddadleuon. Oherwydd iddo ddadlau fod penarglwyddiaeth Crist yn ymestyn i bob agwedd ar gymdeithas, credai fod hynny'n rhoi dilysrwydd i Gristnogion a'r eglwys hithau i gloriannu, mynegi barn a hyd yn oed llunio polisïau gwleidyddol ar faterion fyddai'n ymwneud â phob agwedd ar gymdeithas hefyd.

Felly, nid y ddadl Gristnogol, ddiwinyddol a moesol yn unig a gyflwyna Tudur Jones gerbron ei gyd Gymry wrth ddadlau achos hunanlywodraeth ond hefyd fe gyflwynodd ddadleuon economaidd. Wrth geisio dehongli ei waith y mae'n werth holi pa un ai'r crefyddol neu'r economaidd a flaenoriaethwyd ganddo. Tybed ai defnyddio'r dadleuon economaidd a wnaeth er mwyn cyfoethogi a chyfiawnhau'r damcaniaethau hynny a oedd yn barod wedi'u gwreiddio yn ei ddiwinyddiaeth Gristnogol? Ynteu defnyddio rhethreg crefydd yr oedd er mwyn cyfoethogi a rhoi mwy o rym ac awdurdod i'w dadleuon wleidyddol-economaidd?

Ni ellir amau bod Tudur Jones yn gwbl argyhoeddedig ynghylch perthnasedd ei ffydd i wleidyddiaeth y dydd. Yn wir, gwelodd yn eglur bod Cristnogaeth i'w datgan yn gyhoeddus mewn gair a gweithred, gan gynnwys gweithredoedd gwleidyddol. Nid oes unrhyw dystiolaeth sy'n awgrymu mai defnyddio'i ddiwinyddiaeth a wnaeth i gyfiawnhau ei ragdybiaethau gwleidyddol. Fodd bynnag, rhaid cydnabod ei fod wedi lliwio rhai dadleuon diwinyddol a gwleidyddol er mwyn hyrwyddo ei safbwynt ei hun. Yn aml iawn cyfunwyd diwinyddiaeth a gwleidyddiaeth Tudur Jones mewn ffordd lle na ellid gwahaniaethu'n hawdd rhwng y ddau. Ond nid asio'r ddau yr oedd mewn gwirionedd ond yn hytrach gweld cysylltiad anhepgorol rhyngddynt oherwydd ei gred sylfaenol ym Mhenarglwyddiaeth Crist. Ar brydiau y mae'n anodd gwahaniaethu rhwng ei ddiwinyddiaeth a'i wleidyddiaeth gan fod y ddau, ei fywyd diwylliannol a gwleidyddol yn ogystal â'i fywyd ysbrydol, dan Benarglwyddiaeth Crist.

Arwyddocâd y weledigaeth hon yw ei fod, ar y naill law, yn gochel rhag syniadaeth theocrataidd sy'n ceisio tynnu pob rhan o gymdeithas dan reolaeth yr eglwys, a'i fod ar y llaw arall yn gochel rhag Cristnogaeth arallfydol sy'n gwadu awdurdod Crist dros gymdeithas a diwylliant y byd hwn. Mae'r weledigaeth hon yn cynnig fframwaith Cristnogol i ymhél â chymdeithas mewn ffordd sy'n ei chwyldroi yng ngoleuni buddugoliaeth Crist, yn hytrach na cheisio ei gorthrymu neu'i chondemnio fel y gwnaeth rhai Cristnogion.

Ni chyfyngwyd syniadaeth a gwerthoedd Cristnogol Tudur Jones am genedlaetholdeb i fyd theori yn unig ond yn hytrach gellir gweld eu dylanwad a'u heffaith ar ei weithgarwch gwleidyddol hefyd. Rhoddodd bwyslais ar ddarostwng y genedl a phob sefydliad gwleidyddol o'i heiddo i benarglwyddiaeth Crist – dyma oedd ei resymwaith dros fod yn aelod gweithgar o Blaid Cymru a chefnogwr brwd i Gymdeithas yr Iaith Gymraeg. Amlygwyd hyn yn y modd yr oedd yn trafod y cysyniad o ryddid i Gymru o fewn Plaid Cymru a hynny yng ngoleuni'r ddeddf foesol a darddai o'i argyhoeddiad Cristnogol fod Arglwyddiaeth Crist yn llywodraethu dros bawb ac yn holl gylchoedd bywyd yn ddi-wahân. Yn ei gefnogaeth i'r ymgyrchoedd tor-cyfraith dangosodd ei barodrwydd i herio pwerau a deddfau daearol a oedd, yn ei dyb ef, yn atal gweithredu trefn a bwriad Duw ar gyfer cenedl y Cymry.

Yn ei adolygiadau o gyfrol Emyr Llywelyn gellir gweld sut yr oedd yn beirniadu cyfundrefn athronyddol nad oedd wedi ei hadeiladu, yn ei dyb ef, ar seiliau Cristnogol. Hanfod anghytundeb Tudur Jones gyda'r math athroniaeth oedd ei gred fod gan genedlaetholdeb modern, yn y bôn, ddau wraidd deallusol posib – Hegeliaeth neu Galfiniaeth. I'r Hegelwyr mae gan y genedl alwedigaeth ar y llwyfan rhyngwladol ond ymddengys nad oes dim byd tu hwnt i'r genedl ei hun all gynnig beirniadaeth o'r genedl neu'r wladwriaeth. Problem sylfaenol y math hwn o genedlaetholdeb yw y gallai arwain at ddwyfoli'r genedl neu'r wladwriaeth fel y digwyddodd yn achos y Natsïaid yn yr Almaen. Rhybuddiodd y gallai syniadaeth

Emyr Llywelyn arwain cenedlaetholdeb Cymreig i'r gors syniadol hon. Ond i'r Calfinwyr y mae'r genedl a'r wladwriaeth yn barhaol israddedig i sofraniaeth Duw ac y mae hynny'n ei atal rhag dod yn eilun a'i fod yn agored i feirniadaeth iachusol barhaus. Dyma'r allwedd i ddatgloi'r paradocs yr adnabyddodd D. Densil Morgan wrth i rai 'ei chael hi'n anodd cysoni Calfiniaeth uniongred Tudur â'i basiffistiaeth radicalaidd a'i wleidyddiaeth wrth-sefydliadol.'[4]

Gellid casglu fod Tudur Jones yn gweld y frwydr genedlaethol yng Nghymru yng nghyd-destun arfaeth Duw a gweithgaredd dynion dan Arglwyddiaeth Crist. Gweledigaeth holistaidd am adferiad Cymru oedd ganddo a oedd yn cynnwys yr ysbrydol, y gwleidyddol a'r diwylliannol, gyda'r cyfan dan Benarglwyddiaeth Crist.

Gan fod y genedl a'i diwylliant wedi'u ffurfio gan y Cymry o'r adnodd crai a'r byd olwg Cristnogol oedd yn eu hamgylchynu, yr oedd hyrwyddo a gwarchod y genedl a'r diwylliant Cymreig yn rhan o gyflawnder y dystiolaeth Gristnogol iddo. Ni ellir gwneud cyfiawnder â chyfraniad Tudur Jones i Gymru heb gydnabod rôl sylfaenol ei ffydd gan mai yno y mae'r allwedd i ddatgloi'r hyn a oedd yn llywio ei syniadaeth ac yn gyrru ei weithgarwch.

Ymhellach, gellid dadlau hefyd na wneir cyfiawnder â hanes Cymru yn ei grynswth heb fynd i'r afael â gwrthrych ffydd y cenedlaetholwyr Cristnogol Cymraeg - sef Crist - a gyfrannodd yn helaeth i'r hanes hwnnw a chreu ohoni'r Gymru gyfoes.

4 D. Densil Morgan: *Cedyrn Canrif* (Caerdydd: Gwasg Prifysgol Cymru, 2001), 236

Epilog

Ffydd ac Argyfwng Cenedl 2019

Ym mis Hydref 2018 teithiais i Goleg Trefeca er mwyn cymryd rhan mewn gweithgaredd hyfforddiant, ac yn ystod y daith bu i mi grafu pen ynglŷn â sut i agor y drafodaeth yr oeddwn yn mynd yno i'w harwain. Hanesyn difyr am Howell Harris mae'n bosib? Ac yna'n sydyn sylweddoli fod gennyf gysylltiad personol â Threfeca a hynny oherwydd i'm tad-cu – Gareth H. Davies, gynt o Fethany, Rhydaman – dreulio cyfnod yno a hynny ar ddechrau ei gyfnod hyfforddiant a pharatoi ar gyfer y weinidogaeth. Ond yn fwy arwyddocaol a phwysicach na hynny, yno yn Nhrefeca y daeth i gredu yn yr Iesu fel ei Waredwr a'i Arglwydd: dyna ble brofodd fy nhad-cu ei dröedigaeth.

Er i'm tad-cu gael ei gyfrif maes o law ymhlith arweinwyr y Mudiad Efengylaidd a phregethwr efengylaidd grymus, fel Sosialydd ac nid fel Cristion ail-anedig y cychwynnodd ar ei yrfa yn Nhrefeca. Ei fwriad oedd hyrwyddo'r efengyl gymdeithasol, a dim arall, ond fe ddaeth tro ar fyd pan brofodd dröedigaeth.

Dwyn yr atgofion hyn i gof a berodd i mi gymryd taith wahanol iawn yn ôl i'r Gorllewin gan ymweld â rhai o'r pentrefi ac ardaloedd yr oedd fy nhad-cu wedi'u gwasanaethu fel gweinidog yr Efengyl, ond mannau a oedd yn ddiarth iawn i mi.

Lled ddiarffordd yw blaenau Dyffryn Aman i'r teithiwr arferol gan nad yw'n arwain i Gaerdydd nac i unrhyw fan arall a gyfrifir yn ganolfannau cydnabyddedig i'r Gymru sydd ohoni. Ardaloedd ôl-ddiwydiannol ydynt ble mae'r cymoedd a chefn gwlad a Chymru ddi-Gymraeg a'r Fro Gymraeg yn cyfarfod.

Pyllau glo, addoldai, clybiau cymdeithasol, ffwrneisi a thiroedd diffaith a welwch ac yna'n ddiarwybod bron fe ddewch ar draws cymunedau poblog di-waith a rhesi ar ben rhesi o dai teras. Gwelir ambell i gapel Saesneg a rhyw fywyd yn perthyn iddynt a dwsinau o gapeli Cymraeg wedi cau.

Mae dirywiad cymdeithasol yr ardaloedd hyn, fel nifer o ardaloedd eraill, yn drawiadol a gofidus. Y mae sawl haen yn perthyn i'r dirywiad – yn ieithyddol, diwylliannol, diwydiannol, ac ysbrydol.

Yng Ngwauncaegurwen arhosais i chwilio am y capel lle y bu fy nhad-cu'n fugail arno yn y 1960au. Fe ddarganfyddais ei leoliad ac nid yn unig yr oedd y capel wedi'i gau ond yr oedd hefyd wedi'i ddymchwel. Y cyfan a oedd ar ôl oedd pileri'r gatiau a thai *new build* crand wedi'i hadeiladu ar y safle. Yn ystadegol, mae'n parhau i fod yn ardal ble y mae 60% o'r boblogaeth yn siarad y Gymraeg.

Rhwng Cwmllynfell a Brynaman dyma ddod ar draws placard Plaid Cymru a'm hatgoffodd o'r ffaith mai yno – yn y gymuned ôl-lofaol honno – roedd y bleidlais gryfaf i Blaid Cymru trwy'r wlad i gyd yn ystod yr etholiadau mwyaf diweddar. Nid yn nhref Gymraeg Caernarfon nac ymhlith ffermwyr Meirionnydd na chapelwyr Môn – ond yno, yn ardaloedd ôl-ddiwydiannol Dyffryn Aman. Yno, mae pobl wedi pleidleisio yn eu tyrfaoedd yn ddiweddar i Blaid Cymru – y blaid sy'n dadlau dros annibyniaeth i Gymru. Sut mae egluro hyn oll?

Tybed ai yn ardal Dyffryn Aman, y fro ffiniol rhwng yr hen Gymru ddiwydiannol a'r Gymru wledig, rhwng y di-Gymraeg a'r Gymraeg eu hiaith, rhwng ffydd ac anffyddiaeth, y mae Cymru yn profi'r catharsis a'r syched mwyaf am ddyfodol gwell a gwahanol? Ai argyfwng gwleidyddol sydd yno, neu argyfwng diwylliannol o bosib? Neu a yw'n argyfwng ysbrydol? Meiddiaf gynnig ateb - mae'n gyfuniad o'r tri.

Mewn pregeth yn ddiweddar mewn cwrdd sefydlu ym Mangor, fe wnaeth D. Densil Morgan osodiad diddorol a heriol iawn, sef ei fod yn caru Cymru 'er gwaethaf ei hanghrediniaeth'. Mae'n hawdd caru pobl sy'n debyg i chi eich hun, sy'n rhannu'r un meddylfryd ac awyddfryd, ond mae'n cymryd cryn ymdrech i geisio caru'r rhai annhebyg ac yn wir y rhai hynny sy'n elyniaethus i'n gwerthoedd ni fel Cristnogion Cymraeg. Ond eto, dyna yw gorchymyn Crist yn y Testament Newydd – i ni garu ein cymdogion a pharhau i dystio'n ffyddlon i gariad Duw – beth bynnag yw agwedd cymdogion tuag atoch.

Aeth fy nhad-cu i Drefeca fel sosialydd a dychwelyd adref fel Cristion ac efengylwr. Ar ôl can mlynedd o sosialaeth a hanner can mlynedd o Gristnogaeth efengylaidd arallfydol, ni ellid honni o gwbl fod Cymru mewn gwell cyflwr, os rhywbeth mae'r argyfwng wedi dwysáu. Tybed ai trasiedi Cymru'r ugeinfed ganrif oedd gweld gweithredu'r dybiaeth a fynnai fod brwydro dros les materol y Cymry a cheisio eu llesiant ysbrydol yn ddeubeth ar wahân a bod rhaid dewis rhwng y ddwy genhadaeth? Ysywaeth, dilynodd rhai'r llwybr sosialaidd ac eraill y llwybr ysbrydol. Bu'r ysgaru'n ddifäol.

Tybed ai angen mwyaf Cymry heddiw yw clywed y newyddion da sy'n rhoi gobaith, ystyr, urddas a phwrpas iddynt. Mae'n hen weledigaeth sydd angen ei rhannu oherwydd y mae ganddi'r gallu i drawsnewid byd yr unigolyn, y gymdeithas a'r genedl gyfan.

Mynegai

F

Ff

G

H

I

J